Langenscheidt

The Great Plague
Die große Pest

von Erika Sophie Hopmann und
Heidelore Mais

Langenscheidt

Berlin · München · Wien · Zürich · New York

Übungen und muttersprachliche Durchsicht: Carole Eilertson
Lektorat: Gabriele Dietz
Layout: Ute Weber
Coverfoto: Bildagentur Getty Images

Für Johanne

www.langenscheidt.de

Umwelthinweis: Gedruckt auf chlorfrei gebleichtem Papier

Druck: Mercedes-Druck GmbH, Berlin
Printed in Germany

ISBN 978-3-468-44113-4

1. 2. 3. 4. 5. * 12 11 10 09

One

Wäre der Frankfurter Bäckermeister Gottfried Frahm an jenem Morgen des 17. August im Jahre 1664 nicht in Eile gewesen, hätte sich das Leben von Gwen, Susanna und Johannes sicherlich nicht von Grund auf verändert, sondern wäre mit hoher Wahrscheinlichkeit auch weiterhin in ruhigen Bahnen verlaufen. Gottfried Frahm lief an diesem Morgen mitsamt einem großen Korb voller Brötchen direkt in eine vierspännige Kutsche, die in rasender Fahrt aus Darmstadt kam. Schon wenige Stunden später starb er an den Folgen seiner Verletzungen. Drei Tage danach wurde er auf dem Peterskirchhof begraben. Gwen Frahm, seine Witwe, stand verloren zwischen ihrer Nichte Susanna und ihrem Neffen Johannes, nachdem der Pfarrer und die Mitglieder der Bäckerzunft den Friedhof verlassen hatten.
"Nine years", murmelte sie vor sich hin, "only nine years", und sah über das frisch geschaufelte Grab hinweg in die Ferne. "I thought we'd spend our lives together." Die Sonne stand schon tief am Himmel, Bäume warfen lange Schatten über den Friedhof. "And now dark **shadows cover** his **grave**."
"Was sagtest du, Tante?" Die zierliche junge Frau beugte sich zu Gwen hinüber und sah sie fragend an. Trotz des sommerlich milden Abends zog Gwen ihren aus grobem Tuch gewebten Umhang fester um sich, sodass ihr weißer Spitzenkragen aus Leinen, der unter dem dunklen Brusttuch hervorsah, ganz darunter verschwand und sie wie ein kleiner grauer Vogel wirkte. Die eigentlich ein wenig eitle Frau erkannte man nur noch daran, dass sie es auch in dieser

---

shadow ['ʃædəʊ] Schatten **to cover sth.** ['kʌvə] etw. bedecken
grave [greɪv] Grab

Lage nicht versäumt hatte, mehrere Unterröcke unter ihren dunklen Überrock zu ziehen, die sie fülliger aussehen ließen, als sie tatsächlich war. Gwen faltete ihre Hände über der knisternden schwarzen Taftschürze.
“Ich habe darüber nachgedacht, Susanna, wie lange ich mit Gottfried geliebt habe.”
“Du meinst ‘gelebt habe’, Tante Gwen.” Der junge Mann an ihrer Seite lachte fast, als er seine englische Tante, wie er und Susanna sie manchmal scherzhaft nannten, korrigierte.
“Isn’t it all the same, Johannes? Loving and living ... life and death? In the end you’re left alone.”
“Komm!” Susanna fasste Gwen unter und zog sie sanft in Richtung Friedhofsausgang. “Der Friedhofswärter wartet schon und will schließen.” Sie kamen an dem großen Kreuz aus Tuffstein vorbei, das vor mehr als fünfzig Jahren von einem reichen Mann zu Ehren seiner Frau hier errichtet worden war. Gwen sah auf das Kreuz, schüttelte den Kopf und lief schneller. Als sie das Friedhofstor passiert hatten, hörten sie, wie es hinter ihnen knarrend geschlossen wurde.
“Let’s go for a walk.” Gwen sprach wie zu sich selbst.
“A walk?” Die Geschwister sahen sie fragend an.
“Lasst uns laufen, einfach laufen. Ich möchte nicht nach Hause gehen. Wenn ich könnte, würde ich Gottfried ein Haus über seinem Grab erbauen lassen. Er war doch am liebsten in seiner Backstube und mochte weder Wind noch Wetter.” Gwen holte tief Luft und ging voraus. “Now **cheer** me **up**, please. That’s all I ask of you. Let’s enjoy the afternoon.”
“Onkel Gottfried mochte keinen Regen. Ganz im Gegensatz zu dir, Tante Gwen.” Johannes lächelte wehmütig bei dem

---

to cheer sb. up [ˌtʃɪə / ˈʌp] jdn. aufmuntern

Gedanken an den Toten. "Regen hat dich immer an London erinnert und du bekamst Heimweh."
Gwen lächelte jetzt auch.
"*I'm* ***homesick***, sagtest du immer, als wir noch klein waren." Susanna zog die Stirn kraus, sodass ihre fein geschwungenen Augenbrauen fast in der Mitte zusammentrafen, und dachte angestrengt nach.
"Als wir zu euch kamen, zu Onkel Gottfried und dir, nachdem unsere Eltern gestorben waren, bekamen wir zuallererst *bread and cheese*. Ich weiß es noch genau. Das Brot war warm, kam gerade aus dem Backofen, der Käse verlief darauf, und ich wusste im gleichen Moment, dass wir uns bei euch wohlfühlen würden. Trotz der Trauer um die Eltern graute mir nicht mehr so sehr vor der Zukunft." Susanna zog an den Bändern ihrer Haube, die sich schon wieder gelockert hatten, weil die Fülle ihrer dunklen Haare kaum zu bändigen war. Im Gegensatz zu ihrer Tante trug sie nur eine Schürze aus Baumwolle über ihrem dunklen Wollrock.
"Und ich wollte Bäcker werden, gleich als ich in euer Haus kam und das Brot roch", erinnerte sich Johannes, der während der ungewohnt langen Rede seiner Schwester seinen eigenen Gedanken nachgehangen hatte.
"Du warst elf Jahre alt, Johannes, und deine Schwester acht. Ich war erst ein paar Monate verheiratet, konnte eure Sprache kaum und ... I was very **excited**. Everything was new to me. I wasn't used to things here."
"Tell us how you came to live here. Please, Aunt Gwen, please do!" Johannes lief vor Gwen her und seine nicht sehr große gedrungene, kräftige Gestalt strotzte vor Leben.

---

to be (was/were, been) homesick [biː / wɒz / wɜː / biːn ˈhəʊmsɪk] Heimweh haben **excited** [ɪkˈsaɪtɪd] aufgeregt

Er sieht jetzt schon so selbstsicher aus, wie ein Bäcker aussehen sollte, wenn er seine eigene Bäckerei führt, dachte Susanna und musste lächeln.

Übung 1: Gottfried Frahm, Gwen Frahm, Susanna oder Johannes – auf wen beziehen sich die folgenden Aussagen? Tragen Sie den richtigen Namen ein.

1. Dark shadows cover his grave.

____

2. She's feeling homesick.

____

3. He wanted to become a baker when he was ten.

____

4. He didn't like the rain.

____

5. She is Gwen's niece.

____

6. She was married for nine years.

____

7. She is the youngest.

____

8. He's Susanna's brother.

____

"But I've already told you that story over a hundred times." Gwen wollte nicht erzählen, aber sie ließ sich erweichen und begann: "You know I was one of King Charles the Second's **chambermaids**."

"Yes, we know that." Die Geschwister nickten.

"King Charles musste ins Exil, weil die Horden Oliver Cromwells ihn vertrieben hatten. Wir lebten eine Weile in Den Haag, dann in Aachen und Köln", fuhr Gwen fort.

Susanna unterbrach sie. "Und dann? Dann seid ihr doch aber endlich nach Frankfurt gekommen, sag schon, Tante Gwen."

"You're right, my dear. Unser König hörte von der Frankfurter Herbstmesse, und so machte er sich auf, und ich war mit dabei, in seinem Gefolge." Gwen schwieg einen Moment.

"Wenn du nicht weiterreden magst, dann musst du das nicht", sagte Susanna.

"Sure, **deary**, but memories of Gottfried are all I have." Gwen fuhr zögernd fort: "Wir waren also in Frankfurt angekommen und bezogen ein großes Haus. Als ich eines Tages in die Küche kam, stand dort ein fremder Mann, der Brot und Gebäck brachte. Die Köchin stellte uns vor, und als wir unsere Namen hörten, Gwendolyn and Gottfried, Gottfried und Gwendolyn, da wussten wir, dass wir zusammengehörten." Gwen sah die Geschwister nachdenklich an. "Ihr habt in den letzten Jahren nur noch wenig Englisch mit mir gesprochen. Am Anfang habe ich euch viel beigebracht. Was könnt ihr noch?"

"How are you? I'm hungry. Don't be **silly**! **Naughty** boy", sagte Johannes, um Gwen aufzuheitern.

---

chambermaid ['tʃeɪmbəmeɪd] Kammerzofe **deary** ['dɪərɪ] Kleine
silly ['sɪlɪ] dumm **naughty** ['nɔːtɪ] frech

"It's no use crying over spilt milk. Early to bed and early to rise makes a man healthy, wealthy, and wise." Susanna lächelte, als sie die Sprichwörter, die Gwen oft benutzt hatte, hersagte. "Those were the first words you taught us ... And **'curiosity killed the cat'**", warf sie noch ein.
"Damit hat sie natürlich mich gemeint", erklärte Johannes offen und lächelte Gwen an.
"Of course, John, but you know that people always **make** you **out** to be **a good deal** worse than you really are." Gwen zog eine Haarsträhne unter ihrer Haube hervor und rollte sie um ihren Finger. Diese Geste kannten die Geschwister, sie wussten, dass Gwen ihnen noch etwas Wichtiges mitzuteilen hatte oder dass sie über etwas nachdachte. Inzwischen waren sie an der St. Bartholomäuskirche angekommen und schauten hinauf zum Turm.
"I like this building very much", sagte Gwen ruhig und deutete auf das Gebäude.
"Yes, I know", antwortete Susanna, als Gwen schon fortfuhr: "Do you like speaking English?"
"Ich weiß nicht ... warum sollten wir Englisch sprechen?", antwortete Johannes an Susannas Stelle.

It's no use crying over spilt milk. [ɪts 'nəʊ 'juːs kraɪɪŋ əʊvə ˌspɪlt 'mɪlk] Geschehen ist ge-schehen. **Early to bed and early to rise makes a man healthy, wealthy, and wise.** ['ɜːlɪ tə 'bed ənd 'ɜːlɪ tə 'raɪz meɪks ə ˌmæn 'helθɪ 'welθɪ ənd 'waɪz] Morgenstund hat Gold im Mund. **Curiosity killed the cat.** [kjʊərɪ'ɒsətɪ kɪld ðə 'kæt] Sei nicht so neugierig! **to make (made, made) sb. out** [ˌmeɪk / ˌmeɪd / ˌmeɪd / 'aʊt] jdn. einschätzen **a good deal** [ə ˌguːd 'diːl] viel

"Let's walk along the **river bank**", entgegnete Gwen, ohne Johannes' Frage zu beantworten, und ging schweigend weiter. Bald standen sie vor der Brücke, die über den Main führt.

"**Dirty water will quench fire!** Tante Gwen, das hast du immer gesagt, wenn wir mit etwas unzufrieden waren, erinnerst du dich?"

"Und ob ich mich erinnere. Let's cross the bridge. Then we'll go and buy some fish from the fishermen." Auf der Mitte der Brücke blieben sie für einen Moment stehen und schauten kurz zum Kreuzbogen hinauf. Der vergoldete Hahn auf dem Kruzifix leuchtete in der Abendsonne, spiegelte sich auf dem Wasser wider und blendete die Augen.

"Kein Verurteilter zu sehen." Johannes schien fast enttäuscht.

"Sei froh!" Susanna schauderte. "Die Zeiten, in denen man Verurteilte in Fässer steckte und von hier in den Fluss warf, sind hoffentlich endgültig vorbei."

"Die London Bridge wird auch als Richtstätte benutzt", sagte Gwen. "Sometimes you can see **traitors'** heads hanging above the South Gate."

Übung 2: Vervollständigen Sie die folgenden Sätze – tragen Sie das fehlende Substantiv ein.
(fish, fire, bridge, bank, milk, cat)

1. Curiosity killed the ________________.

2. It's no use crying over spilt ________________.

---

river bank ['rɪvə bæŋk] Flussufer **Dirty water will quench fire.** ['dɜːtɪ 'wɔːtə wɪl ˌkwentʃ 'faɪə] Der Zweck heiligt die Mittel. **traitor** ['treɪtə] Verräter

3. Let's walk along the river ________________.

4. Dirty water quenches ________________.

5. Let's cross the ________________.

6. They are going to buy some ________________.

Sie unterbrach sich, als hätte sie genug von diesem Thema. "Come on, let's talk about something else."
"Would you like some **flounder**?", fragte Gwen, als sie an einem der Fischernachen angekommen waren. Der Fischer hatte einen guten Fang gemacht und flickte sein Netz.
"Ja, kaufen wir *flounder*", sagte Johannes. Gwen ging auf den Fischer zu und kramte ihren bestickten Geldbeutel unter ihrem Umhang hervor. Sie wählte fachkundig einen frisch gefangenen Fisch und wechselte ein paar Worte mit dem Mann, bei dem sie schon seit ihrer Ankunft in Frankfurt ihre Einkäufe tätigte. Johannes sah seiner Schwester zu, die am Flussufer Kräuter sammelte. "Immer wenn sie Kräuter sammelt, denke ich an unsere Mutter", sagte er nachdenklich.
"Susanna hat viel von eurer Mutter gelernt." Gwen trat zu ihm. "Schon als Kind wusste sie genau, welches Kraut man gegen welche Krankheit verwendet." Sie beobachtete die Gänse, die von einem kleinen Mädchen beaufsichtigt wurden. Das Mädchen breitete ein großes Tuch aus und setzte sich auf die Wiese, die zwischen dem Fluss und dem alten Stadttor, Affentor genannt, lag. Bald dahinter begann der dichte Wald, den Susanna so sehr liebte.

---

flounder ['flaʊndə] Flunder

“Would you please come over here? I want to tell you something.”
Neugierig kamen die beiden näher und setzten sich.
“Ihr wisst, dass ich sehr oft *homesick* war”, begann Gwen. “Trotzdem ging es mir gut hier und ich habe mich wohlgefühlt. Aber nun, da Gottfried nicht mehr bei mir ist, denke ich mehr und mehr an meine Heimat. I want to go back ... back to London.”
Die Geschwister, die wie gebannt zugehört hatten, verstanden genau, was sie meinte. Beide wurden blass und sahen sie fassungslos an. Johannes fand als Erster seine Sprache wieder.
“Du willst weg von hier? Du willst uns allein lassen?”
“Listen! I don’t want to leave you behind. How would you like to move to London?”
“Wir sollen weg von hier? Weg aus Frankfurt?” Susanna zupfte einen Halm aus und betrachtete ihn eingehend.
“I’m sure you’ll enjoy London. It’s a large city. Frankfurt ist klein und überschaubar dagegen. In London ist das richtige Leben! Ihr werdet es sehen. Kommt mit mir!”
In Johannes erwachte die Abenteuerlust. “Sehen will ich London! Aber ich will auch wieder zurückkönnen, wenn es mir nicht gefällt.”
“Susanna?” Mit angehaltenem Atem sah Gwen ihre Nichte an. Susanna zögerte einen Moment, dann antwortete sie leise: “Deshalb hatte ich ein so seltsames Gefühl, als wir durch die Stadt gingen ... Es war wie ein Abschied. Und ich dachte, es läge daran, dass Onkel Gottfried nicht mehr bei uns ist.” Sie stützte ihren Kopf in ihre Hände. “Wenn ihr beide geht, dann komme ich mit.”
Gwen atmete auf und griff nach Susannas Händen, die sie ihr bereitwillig reichte.

"So you both will have to improve your English. It's very important for you. Ich werde von jetzt ab nur noch Englisch mit euch reden."
Gwen sprang auf. Der Schmerz um Gottfried war ihr deutlich anzusehen, aber in ihren Augen funkelte es und sie wirkte viel lebendiger als noch vor wenigen Minuten. Sie strich ihren Rock glatt und schüttelte das Gras heraus.
"Follow me! We have a lot to do."

Ein paar Tage später waren die drei zu einer Lichtung im Wald aufgebrochen. Susanna liebte diesen Wald und konnte sich nicht vorstellen, dass dies einer ihrer letzten Besuche hier war.
"What are you doing, Susan?" Gwen nutzte jede Gelegenheit, um mit den Geschwistern Englisch zu sprechen. Der Gedanke, bald zurück in ihre Heimat zu kommen, lenkte sie von ihrem Kummer ab, und so fragte sie Dinge, die sie selbst genau wusste, nur um in ihrer Muttersprache reden zu können.
"I'm collecting different sorts of fruit, **herbs** and **roots**", antwortete Susanna und legte rot glänzende Hagebutten in ihren großen Korb, in dem sich schon verschiedene Kräuter befanden.
"Why are you collecting herbs?"
"They are used to **heal wounds** and **cure diseases**. You can also use them to make tea, **salves**, **unguents** and **tinctures**. I'll take my local herbs to your country. We might need them when we get to London." Susanna hatte ihre Haube

---

herb [hɜːb] Kraut **root** [ruːt] Wurzel **to heal** [hiːl] heilen **wound** [wuːnd] Wunde **to cure sth.** [kjʊə] etw. kurieren **disease** [dɪ'ziːz] Krankheit **salve** [sælv] Salbe **unguent** ['ʌŋgwənt] Heilsalbe **tincture** ['tɪŋktʃə] Tinktur

abgenommen, sodass ihr dunkles Haar bis zur Taille über ihren Rücken fiel. Barfuß und mit geschürztem Rock stand sie auf der Lichtung im feuchten Gras. Es schmerzte Gwen, sie aus ihrer gewohnten Umgebung herausreißen zu müssen, deshalb sagte sie: "There are many forests near London and one of the first things we'll do is visit one of them. Or we'll go to the **manor house** in Hampstead and look at the old trees and the River Fleet." Susanna sah sie freundlich an, erwiderte aber nichts und grub eine Wurzel aus.

"What are you going to do when you get to London, John?", wandte sich Gwen an Susannas Bruder.

"I'm a **baker at heart**, so I want to work as a baker. It'll be a **piece of cake**." Johannes grinste über die Redewendung, die er sich seit seiner Kindheit gemerkt hatte, weil sie ihm schon damals so gut gefallen hatte. Er war Brotbäcker, liebte aber süßes Gebäck und Kuchen, was man ihm jedoch nicht ansah. Sein Onkel Gottfried hatte immer schon gesagt: *Das wächst sich aus.*

Übung 3: Stimmen die folgenden Aussagen? Kreuzen Sie die zutreffenden Sätze an.

1. ☐ Gwen **rarely** buys fresh fish from the market.
2. ☐ Susanna loves collecting herbs.
3. ☐ Johannes has seen the traitors' heads in London.
4. ☐ The three of them have decided to move away from Frankfurt.
5. ☐ Johannes makes tinctures and salves.

---

manor house [ˈmænə haʊs] Herrenhaus **baker** [ˈbeɪkə] Bäcker **at heart** [ət ˈhɑːt] im Grunde meines Herzens **piece of cake** [ˌpiːs əv ˈkeɪk] Kinderspiel **rarely** [ˈreəlɪ] selten

"I'm afraid you'll have to work as a baker's boy first. There are many different kinds of baking methods ..." Gwen sah ihn einen Moment zweifelnd an. "That means you'll have to forget some things you've learnt about baking bread over here and start all over again", fuhr sie vorsichtig fort.

Als sie später aus dem Wald heraustraten, konnten sie gerade noch von Weitem die Kirche sehen, die alle Gebäude in Frankfurt überragte.

"Look, the tower of St Bartholomew's church **has** not **vanished** yet, but you can already see the first **starry lights** on the **horizon**."

Susanna und Johannes schwiegen.

"I''ve already found someone who wants to buy our house and the **bakery**. So we're moving to London immediately after the fair", fügte Gwen hinzu. "A **merchant couple** from London, Edward and Megan Granger, are coming to the autumn fair in Frankfurt. They are going to take us with them when they return home. Megan is my cousin and we grew up together, because her mother died when Megan was a baby and we became close to each other. I haven't seen her for ten years."

---

to vanish ['vænɪʃ] verschwinden **starry light** [ˌstɑːrɪ 'laɪt] Sternenlicht **horizon** [hə'raɪzn] Horizont **bakery** ['beɪkərɪ] Bäckerei **merchant couple** ['mɜːtʃənt ˌkʌpl] Kaufmannsehepaar

Two

Der Tag der Abreise war gekommen. Johannes erwachte abrupt aus einem schweren Traum, an den er sich nicht mehr erinnern konnte. Er wusste nur noch, dass etwas Unbestimmbares, Dunkles auf ihn zugekommen war und ihn hatte verschlingen wollen. Herbstregen klatschte an die Scheiben, und er hörte Gwens Stimme: "I love the rain. October is such a wonderful month with the fog and the stormy weather ..."

Johannes lachte traurig. Er sah sich in seinem Zimmer um, und plötzlich wurde ihm mit aller Deutlichkeit bewusst, dass dies sein letzter Morgen in diesem Haus war. Die leichten Schritte seiner Schwester näherten sich der Tür.

"Get up! It's time to go!", rief sie. Susanna hielt sich eisern an Gwens Regel, untereinander nur noch Englisch zu sprechen.

"Wait a minute. I'll be there in a minute." Aber noch immer rührte Johannes sich nicht, sah nach oben zur Zimmerdecke und beobachtete eine Spinne, die über den Holzbalken ihre Netze spann.

"Stay here! Don't **get trapped** in one of our **trunks**", flüsterte er der Spinne verschwörerisch zu und musste über sich selbst lachen. Gleich darauf packte ihn das Reisefieber mit aller Macht. Er sprang mit einem Satz aus dem Bett und fuhr in seine Kleider, benetzte seine Hände in der Waschschüssel und strich sich damit durch Gesicht und Haare. ***Catlick*** nannte Gwen missbilligend diese Art sich zu waschen. Grinsend verließ Johannes sein Zimmer und sprang die Treppe hinab.

---

to get (got, got) trapped [ˌget / ˌgɒt / ˌgɒt ˈtræpt] gefangen werden
trunk [trʌŋk] Schrankkoffer **catlick** [ˈkætlɪk] Katzenwäsche

"Good morning, John. How are you?", begrüßte ihn Edward Granger, der Kaufmann, der gekommen war, um Gwen und ihre Familie abzuholen. Das meiste Gepäck war schon am Abend zuvor auf das Schiff gebracht worden. Granger und seine Frau hatten die Nacht dort verbracht.
"I'm fine, thank you", antwortete Johannes und meinte es wirklich so.
"Really? So you aren't at all sad? I think your sister is."
"Not at the moment. I am dying to see England and I'm looking forward to our trip."
"Here's your **porridge**. Sit down and eat it. We have a long journey ahead of us." Gwen flatterte aufgeregt um Johannes herum. "We can't afford to relax for a minute. Look, Mr Granger is waiting for us."
"I hope this won't be my last meal before we reach London?"
Johannes freute sich, dass seine Tante so lebhaft war. Nach dem Tod ihres Mannes waren er und Susanna in ernster Sorge um sie gewesen. Er wusste, dass es richtig und gut für sie war, Frankfurt zu verlassen und wieder in ihre Heimat zurückzukehren. Ob es für Susanna und ihn die richtige Entscheidung war, würde sich noch zeigen.
Johannes ging hinüber in die warme Backstube und traf den neuen Bäckermeister, Wilhelm, bei der Arbeit an. Das Holz neben dem großen Ofen war ordentlich aufgestapelt, der Hackklotz sauber und die Axt gut geschliffen. Auf dem langen Tisch lagen in mehreren Reihen große und kleinere Brote, die nach und nach in den Ofen, der schon glühte, geschoben werden sollten. Im Backtrog wartete ein heller Teig auf Weiterverarbeitung. Alles sah so aus, wie es bei ihm und Gottfried auch gewesen war. Der vertraute Geruch

---

porridge ['pɒrɪdʒ] Haferbrei

und die heimelige Wärme in der Backstube, die den kalten Oktobertag fast vergessen ließ, machten es Johannes doppelt schwer, Abschied zu nehmen.

“Wir fahren dann”, sagte Johannes zu Wilhelm, “wahrscheinlich werden wir uns nicht mehr wiedersehen.”

“Schau noch einmal auf das Zunftzeichen, wenn du vor der Tür stehst, damit du nicht vergisst, wer du bist”, entgegnete Wilhelm freundlich.

“Come on, John. Hurry up! The ship won’t wait for us. Today we must at least get as far as Mainz. It’s a long way and it will take hours!”, hörte Johannes die Stimme von Edward Granger.

“Here I am.” Johannes trat vor die Tür, und wie Wilhelm es ihm empfohlen hatte, schaute er zu dem Zunftzeichen der Bäcker auf, das über der Tür der Backstube hing.

“It’s the sign of the bakers’ **guild**”, stellte Granger fest und besah sich das Schild näher: eine Brezel, die von zwei Löwen gehalten wurde. “I never knew that lions liked **pretzels**. But I do now”, sagte er gut gelaunt.

“And what about you? Are you ready?”, fuhr er, den Blick auf Susanna gewandt, fort. “What’s in that big **basket**? Can I give you a hand?”

Susanna presste einen großen Korb an sich und antwortete ernst: “I’m not going to leave home without my herbs und tinctures.”

“Let’s call a **porter** to carry it, or let’s put it in the **cart**.” Hilfsbereit sah Edward Granger sich um, wurde aber sofort von Susanna unterbrochen.

“No, thank you, I’ll carry it myself.”

---

guild [gɪld] Gilde **pretzel** [ˈpretsl] Brezel **basket** [ˈbɑːskɪt] Korb
porter [ˈpɔːtə] Träger **cart** [kɑːt] Handwagen

Übung 4: Bringen Sie die folgenden Ereignisse in die richtige Reihenfolge.

a. ☐ Gwen sold her house.
b. ☐ Johannes talked to a **spider**.
c. ☐ Gottfried Frahm died.
d. ☐ Mr Granger talked about the bakers' guild.
e. ☐ Johannes said goodbye to Wilhelm.
f. ☐ Gwen decided to move back to London.
g. ☐ Johannes ate some porridge.

"As you think best." Granger wandte sich an Gwen, die nun doch wehmütig vor dem Haus stand und sich gar nicht trennen wollte.
"Look, Gwen. I'm glad that you are going with us. It's important not to forget your husband, but life must go on", sagte er leise zu ihr. "Come along and follow me." Gwen warf noch einen letzten Blick auf das Haus und folgte der kleinen Reisegruppe. Schon nach wenigen Schritten verschwand es im Nebel, der vom Fluss aufstieg.
"Here we are!" Edward Granger deutete auf ein großes Boot von etwa zehn Metern Länge, mit einem Segel, das teilweise mit einer Plane aus schwerem Stoff überdacht war. Drei Männer gehörten zur Besatzung. Mehrere kleinere Packboote lagen daneben, in denen schon Männer an den Rudern saßen. Der Fluss ließ sie trotz ihrer schweren Fracht auf den Wellen springen, die der Wind vor sich hertrieb. "Now you can practise going on a **sea voyage** and we haven't even crossed the **English Channel** yet. By the way, at the moment it's a bit too stormy to make the crossing."

---

spider ['spaɪdə] Spinne **sea voyage** ['siː vɔɪ-ɪdʒ] Seereise **English Channel** [ˌɪŋglɪʃ 'tʃænəl] Ärmelkanal

“Stop it! Don’t frighten them!” Eine rundliche Frau war unter der Plane hervorgetreten und lächelte Johannes und Susanna freundlich entgegen. “My husband has rough **manners** but a good heart. Don’t be **offended**.”
Gwen trat mit ausgebreiteten Armen auf sie zu und rief: “Megan, I’m so very glad to see you! This is my **nephew** Johannes and my **niece** Susanna.”
“Your clothes will get wet. Come on board first. There will be enough time later for me to **get acquainted with** John and Susan. No doubt we will know everything about each other by the time we get to the Rhine”, ließ sich da Edward Granger vernehmen und scheuchte die Reisegruppe auf das Boot.
“This is the main **vessel** and there are four other boats to carry all our luggage. I hired the boats and the boatmen. We’ll be the only passengers, but there wouldn’t be room for any more people anyway”, erläuterte er.
Susanna, die den schweren Korb unter ihrem Umhang getragen hatte, war die Erste, die auf die schwankenden Planken trat. Vorsichtig führte einer der Bootsmänner sie unter die Plane. Johannes, Gwen und Megan setzten sich neben sie, und wenig später legten sie ab in Richtung Mainz, wo sie auf den Rhein übersetzen wollten.
Johannes und Susanna schauten versonnen auf das Wasser. Der Nebel lichtete sich allmählich und sie konnten einzelne Häuser und Höfe ausmachen. Gärten säumten den Main auf beiden Seiten.
Der Wind ließ nach und es wurde leichter, das Boot zu steuern und zu rudern.

---

manners [ˈmænəz] Manieren **offended** [əˈfendɪd] gekränkt **nephew** [ˈnefjuː] Neffe **niece** [niːs] Nichte **to get acquainted with sb.** [ˌget əˈkweɪntɪd wɪð] jdn. kennenlernen **vessel** [ˈvesl] Schiff

Am Abend erreichten sie Mainz und übernachteten in einem Wirtshaus. Edward Granger aber blieb bei den Booten.
"We are travelling **via** Coblenz, Cologne and Duesseldorf. I have an appointment with a tailor in Duesseldorf. Then we'll take the **stagecoach** through the Netherlands", erklärte er.
"I'm a little bit worried about taking the stagecoach. There **are** so many **highwaymen lurking around** on the way to the coast", wandte Gwen sich leise an Johannes.
"I know it's a **worry**, but we are a large **party**. Nothing is going to happen!", gab Johannes leise, aber fest zurück. Susanna, die ein paar Schritte vor ihnen ging, sollte nichts von dem Gespräch mitbekommen. Über ihren Köpfen hörten sie die schrillen Schreie der Wildgänse.
"It is going to get colder. The **wild geese** are flying south for the winter. Everything depends on everything else", sagte Gwen und schlang ihren Umhang fester um sich.

"Are you ready for the next **stage** of the journey?", begrüßte Edward Granger sie am nächsten Morgen. Die Sonne schien und Regen und Nebel hatten sich verzogen.
"I'll be your guide and explain everything to you", lachte er. "After all it isn't the first time I've been on this trip." Granger rieb sich vergnügt die Hände und half ihnen in das Boot. Und wirklich, er wusste viel zu erzählen und kannte die Gegend gut. In den Weinbergen herrschte Leben und Treiben; es war Herbst und die Zeit der Weinlese war gekommen.

---

via ['vaɪə] über **stagecoach** ['steɪdʒkəʊtʃ] Postkutsche **highwayman** ['haɪweɪmən] Wegelagerer **to lurk around** [ˌlɜːk ə'raʊnd] sich herumtreiben **worry** ['wʌrɪ] Grund zur Sorge **party** ['pɑːtɪ] Gruppe **wild goose** (*pl.* **wild geese**) [ˌwaɪld 'guːs / ˌwaɪld 'giːs] Wildgans **stage** [steɪdʒ] Etappe

"Look at the **vineyards**!", rief Granger. "The whole family is helping to **gather in the harvest**. Isn't it a beautiful **sight**?" Auf der Höhe von Bacharach fing er plötzlich an zu kichern und fragte: "Do you know where that name comes from?" Als alle ihn verständnislos ansahen, fuhr er fort: "Have you ever heard of Bacchus, the Roman god of wine? All important **festivals are celebrated** in his **spirit**!"

Übung 5: Setzen Sie in den folgenden Sätzen jeweils das Verb ins Present Perfect, um Fragen zu bilden.

1. Have you ever ______________ *(to see)* London Bridge?
2. Have they ever ______________ *(to be)* to Frankfurt?
3. Has she ever ______________ *(to speak)* English all day long?
4. Have you ever ______________ *(to drink)* wine from Bacharach?
5. Has he ever ______________ *(to eat)* fresh flounder?
6. Have we ever ______________ *(to make)* a herb tincture?

Nach mehreren Tagen waren alle Weinberge vorübergezogen und die Landschaft wurde flacher, bis sie Köln passierten und Düsseldorf erreichten.

---

vineyard ['vɪnjəd] Weinberg **to gather in the harvest** [ˌgæðər ɪn ðə 'hɑːvɪst] die Ernte einbringen **sight** [saɪt] Anblick **festival** ['festɪvl] Fest **to be celebrated** [biː 'seləbreɪtɪd] gefeiert werden **spirit** ['spɪrɪt] Geist

"I'll be **relieved** to get off the boat. This journey makes me feel **seasick.**" Gwen stand glücklich am Ufer des Rheins und sah den Männern beim Entladen der Boote zu.
"Wait until you are in the coach. Then you'll want to get back on board the ship." Megan war zu ihr getreten und seufzte. "It's the most terrible part of the journey. It just seems to go on for ever. It's so **monotonous.**"
"Monotonous?", mischte sich ihr Mann ein. "The main thing is that we are **safe and sound**!" Lachend machte er sich wieder an die Arbeit.
Während der nächsten drei Tage würden sie in einem Wirtshaus unterkommen, hatte Gwen erzählt, und Susanna freute sich auf diese Ruhepause. Johannes dagegen konnte die Weiterreise gar nicht mehr abwarten.
"May I help you?", hörte Susanna ihn zu Granger sagen. Der nahm das Angebot gerne an.
"**Thank you, I would appreciate that**. Can you carry these **bales of cloth**? But be careful with them when you put them onto the **wagon**."
Johannes tat, wie geheißen. Nach einer Weile sah Granger ihn fragend an.
"Do you already know what you want to **do for a living** when we get to London?"
"Yes, I want to work as a baker. I'm a baker and I'd like to stay one."

---

relieved [rɪ'li:vd] erleichtert **seasick** ['si:sɪk] seekrank **monotonous** [mə'nɒtnəs] eintönig **safe and sound** [ˌseɪf ən 'saʊnd] gesund und munter **Thank you, I would appreciate that.** ['θæŋk jʊ aɪ wʊd ə'pri:ʃieɪt ðæt] Danke, gern. **bale of cloth** [ˌbeɪl əv 'klɒθ] Stoffballen **wagon** ['wægən] Wagen **to do sth. for a living** ['du: / fər ə 'lɪvɪŋ] seinen Lebensunterhalt mit etw. verdienen

"You could work for me. I need a good workman."
"Thank you, that's very kind of you. But first I'll see if I can get work as a baker."
"I see", lachte Granger. "But **get in touch with** me if you need any help. I know an excellent baker. His name is James Dobson. I'll tell you where he lives. Pay him a visit and tell him that I sent you."
"Wonderful!", freute sich Johannes. "It will be the first thing I do when I get to London."
Während der nächsten drei Tage ruhten sich alle in dem Düsseldorfer Wirtshaus aus und lernten schon Mitreisende kennen, die sie während der Kutschfahrt durch Holland begleiten würden. Meist waren es Kaufleute wie die Grangers, und so gab es viel zu erzählen. Am Abend vor der Abfahrt sprach Gwen mit Susanna darüber, was sie vorhatte, sobald sie in London wären.
"We'll buy a little house made of **bricks** – it's warmer and drier than a wooden one. It must be a house with a chimney and not just one with a hole in the **roof** to let out the smoke. We'll get some glass windows. When I was a child we used **linen impregnated** with **linseed oil instead of** glass. But now we have got a little money and our life will be more comfortable than ever."
Gwen strich über ihren Umhang und zog ihn fester um sich zusammen.
"Perhaps we'll even eat some **bananas** and **pineapples** ...

---

to get in touch with sb. [ˌget ɪn ˈtʌtʃ wɪð] mit jdm. Kontakt aufnehmen **brick** [brɪk] Backstein **roof** [ruːf] Dach **linen** [ˈlɪnən] Leinen **impregnated** [ˈɪmpregneɪtɪd] imprägniert **linseed oil** [ˈlɪnsiːd ɔɪl] Leinöl **instead of** [ˈɪnsted əv] statt **banana** [bəˈnɑːnə] Banane **pineapple** [ˈpaɪnæpl] Ananas

Maybe we'll even be able to afford some silver forks! **Rich** people eat with forks and not with spoons, you know."

"What's a banana? What's a pineapple? I've never heard of them", fragte Susanna erstaunt.

"Bananas are delicious yellow fruits and pineapples are **juicy** and sweet. When I was a young chambermaid I liked to **nibble on** all kinds of **exotic** fruit. I even drank coffee. It's a very expensive **beverage**, hot and bitter, but I drank it with sugar."

Übung 6: Welches Wort ist das schwarze Schaf? Unterstreichen Sie den nicht in die Aufzählung passenden Begriff.

1. summer, winter, baker, spring
2. porridge, linen, bricks, wood
3. river, sea, coach, water
4. tower, bridge, forest, building
5. flounder, onions, cheese, traitor
6. herbs, salves, fruit, roots

Susanna war sprachlos. "**God, bless my soul!** How peculiar!"

"Yes", lachte Gwen, "but I'm sure we'll also eat onions, bread and cheese, pottage and porridge."

"We'll need spoons to eat pottage and porridge", entgegnete Susanna.

Gwen wurde still und Tränen traten in ihre Augen.

"What's the matter, Aunt Gwen?"

"Deary, I would give up everything just to get Gottfried back."

---

rich [rɪtʃ] reich **juicy** ['dʒuːsɪ] saftig **to nibble on sth.** ['nɪbl ɒn] an etw. knabbern **exotic** [ɪg'zɒtɪk] exotisch **beverage** ['bevərɪdʒ] Getränk **God, bless my soul!** ['gɒd 'bles maɪ 'səʊl] Ach du meine Güte!

Susanna legte den Arm um sie. “Poor Aunt Gwen. Let’s go to bed. Let’s try and get some sleep. The next few days are going to be a struggle.”

Am nächsten Morgen standen mehrere vierspännige Kutschen bereit. ”Do you know that a **public** coach service has just started up in France? What a useful thing! I hired a coachman and his coach just for us. Six other travellers did the same. Only two of them own their own coaches. All in all there’ll be nine coaches **altogether** going through the Netherlands”, erklärte Mr Granger.
“We can sit opposite one another or on the top of the coach. We’ll have attendants and of course the coachman.”
“When I came to your country, I sat on the top. It’s a good place in summer, but at this time of year ...” Gwen schauderte.
Bald waren auch die Packwagen beladen und die Reise konnte beginnen. Die Fahrt durch Holland war beschwerlich und eintönig, wie Megan es vorausgesagt hatte. Sie übernachteten in Wirtshäusern, standen morgens in aller Frühe auf und fuhren stundenlang durch eine trübe, neblige Herbstlandschaft. Der Wind wurde mit jedem Tag stärker. An ihrem zweiten Abend in Holland hielten sie gerade auf ein kleines Wäldchen zu und freuten sich schon auf das nächste Rasthaus, als sie von vorn lautes Rufen und das Heranstampfen mehrerer Pferde hörten.
“We’ve got a broken **axle**!”
“Hold! Hold on!” Nur langsam kam die Kutschenkolonne zum Stehen.

---

public ['pʌblɪk] öffentlich **altogether** [ˌɔːltə'geðə] insgesamt **axle** ['æksl] Achse

"Be careful with the horses!"
"What's this? Help! Help!"
Die Tür wurde aufgerissen und ein Mann mit einem Tuch vor dem Gesicht griff nach Gwen, die ihm am nächsten saß. Er riss sie aus der Kutsche und warf sie zu Boden. Entsetzt musste Susanna mitansehen, wie die Reisenden aus ihren Kutschen gezerrt wurden. Schon wurde auch sie gepackt. "A **robbery**! Highwaymen!", rief jemand lauthals. Die Stimme brach ab und Totenstille breitete sich aus. Die Kutschen waren umstellt von Männern, bewaffnet mit Säbeln, Degen und Musketen. Susanna beobachtete, wie der Maskierte, der Gwen aus der Kutsche gezerrt hatte, ihrer Tante den Umhang von den Schultern riss. Gwen schrie auf und versuchte auf die Beine zu kommen, aber es gelang ihr nicht. Diener und Kutscher saßen mit weit aufgerissenen Augen auf den Kutschendächern und wagten sich nicht zu bewegen. Schon sprangen die Männer wieder auf ihre Pferde und sprengten davon.
Niemand versuchte, sie aufzuhalten. Der Anblick der Musketen hatte alle gelähmt. Der Schrecken saß den Reisenden tief in den Gliedern. Bleich und entsetzt sahen sich Susanna, Gwen und Johannes an. Edward Granger fand als Erster Worte.
"Nobody's been hurt. That's the main thing. Our **valuables** are safe too. And they didn't take our money, Gwen. I put the most valuable things in a big basket on the top of the coach. It looks like a basket for **outings** with a lock", sagte er ernst.
Gwen saß fassungslos im Gras.

---

robbery ['rɒbərɪ] Überfall **valuables** ['væljʊəblz] Wertsachen
outing ['aʊtɪŋ] Ausflug

"What's wrong, Gwen?", fragte Megan ihre Kusine.
"Terrible ... **horrible** ... I want to die", murmelte Gwen. Susanna und Johannes führten sie langsam zurück zur Kutsche.

Übung 7: Setzen Sie die folgenden Wörter an der richtigen Stelle ein.
*(choice, coins, lunch, **cape**, money, wine)*

"Please, give her a glass of **1.** ______________", sagte Edward Granger zu seiner Frau, die sofort einen Korb unter der Sitzbank hervorholte, in dem sich mehrere Flaschen Wein befanden und Gläser, sorgsam in Stoff gewickelt. Susanna flößte Gwen langsam, Schluck für Schluck, den Wein ein.

"What you **probably** need is a **decent 2.** ______________. Like all of us." Edward Granger dachte praktisch. Aber Gwen schüttelte nur den Kopf. Megan nahm behutsam ihre Hand und fragte noch einmal: "Gwen, tell me, what's wrong?"

"Wrong? It's all my fault. Our ..." Sie brach ab und starrte vor sich hin.

"What's wrong?", versuchte es jetzt Edward Granger.

"Our **3.** ______________ is in the cape", brachte sie endlich

---

horrible ['hɒrɪbl] grauenvoll **cape** [keɪp] Umhang **probably** ['prɒbəblɪ] vermutlich **decent** ['di:snt] anständig

tonlos heraus. “I only gave you a few **4.** ______________ before we **departed** from Frankfurt. I **sewed** most of them into my **5.** ______________. Now we can’t go back to Frankfurt or travel to England. What shall we do?”

Alle schwiegen erschrocken.

“You can’t go back, that’s right.” Granger reichte Gwen noch ein Glas Wein. “You have no **6.** ______________. You have to go to England. Let’s see how we can help you. Whatever happens, don’t forget, at least you’re still alive!”

Der weitere Verlauf der Reise lag für Susanna und Johannes wie in einem Nebel. Tante Gwen benötigte ununterbrochen ihre Zuwendung und Hilfe. Die Fahrt durch Holland bis zur Küste, die Überfahrt auf dem Schiff nach England, alles war von der Sorge um Gwen und vor allem von der Sorge um ihre Zukunft überschattet.

Irgendwann im November erreichten sie England. Susanna stand an der Reling und sah dem neuen Land entgegen. Hinter ihr flatterte das Segel und sie hörte die rauen Rufe der Männer. Ein Laut, der nicht zu den anderen Geräuschen passte, ließ sie auf den Schiffsboden sehen. Ein Matrose rief ihr lachend aus dem Mastkorb zu: “The rats are always the first to leave the ship.”

---

to depart [dɪ'pɑːt] abreisen **to sew (sewed, sewn)** [səʊ / səʊd / səʊn] nähen

Three

"You can't live with us for ever, Gwendolyn. I know you need our help, but we aren't made of money!" Gwens Schwester Bridget blies ungehalten ihre Wangen auf, dass die Löckchen, die unter ihrer Seidenhaube hervorsahen, sich hin und her bewegten, und blickte zum Fenster hinaus. Sie drehte sich um, wischte ein unsichtbares Stäubchen von einer blank polierten Eichentruhe und sah auf die gestrandeten Reisenden herab, die um den großen Tisch vor der Kochstelle saßen. Bridget hatte ihnen zwei winzige Zimmer überlassen, obwohl das Haus weit bessere und größere besaß. Seit drei Tagen waren Gwen, Johannes und Susanna in London. Die Grangers hatten ihnen zwar eine Unterkunft angeboten, aber Gwen zog es vor, bei ihrer kinderlosen Schwester und ihrem Schwager um eine vorübergehende Bleibe zu bitten, und sie waren sofort, aber ohne große Begeisterung aufgenommen worden.
"My world has changed. I've changed, too, of course, since you last saw me. But believe me, I am not to **blame** for my **present predicament**", antwortete Gwen leise.
"Oh, **good Lord**, of course, you've changed", erwiderte Bridget. "I, for one, wouldn't have recognized you. But are you really completely **innocent**? Why didn't you do what Mr Granger suggested? You would still have your money. You have never been a careful person. You've always been **impulsive** and **flighty**."

---

to blame sb. [bleɪm] jdn. verantwortlich machen **present** ['preznt] derzeitig **predicament** [prɪ'dɪkəmənt] missliche Lage **good Lord** [ˌgʊd 'lɔːd] lieber Gott **innocent** ['ɪnəsnt] unschuldig **impulsive** [ɪm'pʌlsɪv] impulsiv **flighty** ['flaɪtɪ] flatterhaft

Wie auf ein Stichwort klopfte es gerade in diesem Moment an der Tür und Edward Granger trat ein.
“Nice to see you all again”, rief er gut gelaunt. “I’ve got some good news. I’ve had a look round and I think I can help you. John, please go to James Dobson, the baker. Don’t waste any time. He needs an **apprentice**.”
“I’ll do that at once. Please show me how to get there.” Johannes strahlte ihn an, froh, vielleicht bald etwas zum Lebensunterhalt der Familie beitragen zu können. Ein wenig schämte er sich, dass er noch nicht selbst zu Dobson gegangen war, wie Granger es ihm schon auf der Fahrt nach England geraten hatte.
“This house here is **midway** between London Bridge and the Tower”, sagte Granger. “Have you ever heard of Pudding Lane?”
“I haven’t only heard about it, I have already been there. I had a look at Thomas Farriner’s bakery – the King’s bakery!”
“That’s Gwen’s **influence** on the boy!”, mischte sich Bridget missbilligend ein. “Give her an inch and she’ll take a yard. And he’s just the same.”
Niemand beachtete sie, und Granger fuhr fort: “Walk along Pudding Lane and turn left at the end of the road. That’s where you’ll find the baker’s shop. But wait! This isn’t the only piece of news I’ve got to tell you. Gwen and Susanna, there is a porter and a wagon waiting outside to take your luggage to your new home!”
“Our new home?” Gwen und Susanna sahen Granger fassungslos an. Johannes wartete gespannt ab.

---

apprentice [əˈprentɪs] Lehrling **midway** [ˌmɪdˈweɪ] auf halbem Wege
influence [ˈɪnflʊəns] Einfluss

“**Indeed** ... Megan is waiting for you there. It’s not a **palace**, it’s small and a bit **cramped**, but it does have a chimney and it has got glass windows. It cost a small **fortune**. **To be** more **precise** I took nearly all the money you had left and bought you a house. I still have some left **though**”, erklärte Edward Granger.
Gwen strahlte. “Everything will turn out well!”, rief sie und freute sich, noch nicht einmal ausgepackt zu haben. So war es ein Leichtes, alle Habseligkeiten wieder aus Bridgets Haus zu schaffen.
“Look at her! It’s **ridiculous**. Now she’s laughing. She’ll never learn anything about the **seriousness** of life”, sagte Bridget ärgerlich und strich ihre weiten Röcke glatt. Aber auch sie war froh. Endlich kamen die ungebetenen Gäste wieder aus dem Haus.
“You and Megan are such a **comfort**!” Gwen umarmte Granger herzlich.
“We try to be, Gwen, we try to be”, wehrte er verlegen ab und wandte sich wieder an Johannes. “Now you can go to Mr Dobson and ...” Noch bevor er zu Ende gesprochen hatte, war Johannes schon aus dem Haus gerannt.
Gwen und Susanna packten ihre Habseligkeiten, verabschiedeten sich von Bridget und trugen ihre Truhen, Kisten und Bündel auf die Straße, wo schon die Kutsche wartete. Edward Granger und der Kutscher luden das Gepäck auf und schon waren sie auf dem Weg zu ihrer neuen Bleibe.

---

indeed [ɪnˈdiːd] in der Tat **palace** [ˈpælɪs] Palast **cramped** [kræmpt] beengt **fortune** [ˈfɔːtʃən] Vermögen **to be precise** [biː prɪˈsaɪs] um genau zu sein **though** [ðəʊ] aber **ridiculous** [rɪˈdɪkjʊləs] lächerlich **seriousness** [ˈsɪərɪəsnəs] Ernst **comfort** [ˈkʌmfət] Lichtblick

Edward Granger wandte sich an Susanna. "I've got news for you too. You can work as a **nursemaid** in my friend Gabriel Arlingtons' house. He's a **scientist**. His wife Prudence und their daughter Mathilda **are looking forward to** meeting you. It's a very nice family. What do you think about that?"

Übung 8: Welches Modalverb oder welche Modalverb-Umschreibung passt in die folgenden Sätze? Unterstreichen Sie die richtige Wendung.

1. Gwen *(had to/didn't have to)* move in with her sister.
2. Johannes *(might/needn't)* get a job as a baker's apprentice.
3. Granger *(was able to/didn't need to)* spend all of Gwen's money on the house.
4. Gwen *(won't have to/mustn't)* live with her sister any more.
5. Susanna *(may/ought to)* be grateful to Mr Granger.

Susanna war sprachlos. Sie nickte nur, und erst nach einer Weile fragte sie vorsichtig: "Do I have to leave Gwen and go live with the Arlingtons?"

"No, my dear. You needn't leave Gwen. Their house isn't far away from your new home. You can start your work early in the morning and in the evenings you can go back to Gwen. It was my idea and my friend Gabriel agreed."

Johannes trat aufgeregt in die Bäckerei von James Dobson. Ein rotgesichtiger Mann mit einer großen weißen Schürze sah ihm freundlich entgegen.

---

nursemaid ['nɜːsmeɪd] Kindermädchen **scientist** ['saɪəntɪst] Wissenschaftler **to look forward to sth.** [lʊk 'fɔːwəd tə] sich auf etw. freuen

“I’m Johannes Frahm”, stellte Johannes sich vor. “Mr Granger sent me here. He told me you have a lot of work to do. I worked as a baker in Frankfurt. My uncle **trained** me. He was a master baker too.”
“How old are you?”, fragte Dobson.
“I’m twenty years old.”
“How long did your **apprenticeship** last?”
“Two years. **In total** I helped my uncle for four years.”
“Edward Granger **praised** you very much, and I’ll try you out. But here in England an apprenticeship lasts seven years. You can be a baker’s boy here for two years. After that you can become my assistant. What do you think? Do you agree?”
“Yes, I do. What will I have to do?”, fragte Johannes eifrig. Es war ihm egal, ob er als Bäckerjunge oder als Geselle arbeiten sollte. Die Hauptsache war, dass er wieder in seinem geliebten Beruf anfangen konnte.
“First get acquainted with the streets of London.”
“Pardon?” Johannes war sich nicht sicher, ob er richtig verstanden hatte. Er hatte sich doch nicht als *porter*, sondern als Bäcker beworben.
“You have to **deliver loaves**. It’s a difficult job if you don’t know your way around”, antwortete Dobson. “You will have to live here”, fuhr er fort. “There’s a room right under the roof where all my boys sleep.”
James Dobson zeigte ihm den Raum. Vier Betten standen nebeneinander. Johannes hatte nicht gedacht, dass der

---

to train sb. [treɪn] jdn. ausbilden **apprenticeship** [əˈprentɪsʃɪp] Lehre **in total** [ɪn ˈtəʊtl] insgesamt **to praise sb.** [preɪz] jdn. loben **to deliver sth.** [dɪˈlɪvə] etw. ausliefern **loaf** (*pl.* **loaves**) [ləʊf / ləʊvz] Brotlaib

Abschied von Gwen und vor allem von Susanna so schnell kommen würde. Aber in seiner freien Zeit würde er sie besuchen können, tröstete er sich.
“**Fetch** your clothes and put them onto the shelf above your bed. Your wages might be low, but you’ll have somewhere to sleep and something to eat – and my wife is a good cook. You can start at once.”
“A **task**? Right now?” Langsam dämmerte es Johannes, dass er sofort anfangen sollte, nicht erst am Abend oder am nächsten Tag – nein, jetzt und gleich.
“Yes, this will be your first job. Take this basket of loaves to London Bridge. Go to the second house **on the right-hand side**. Climb up to the first floor. There are three doors there. Knock on the middle one.”
Ein etwa sechsjähriges Mädchen kam in die Backstube gerannt und musterte Johannes von oben bis unten.
“May I show him the way, father? He looks so helpless.”
“Let me think about it, Betty. Well, I suppose it’s his first job so you might be able to help him.” Dobson tat, als müsste er angestrengt über die Bitte des Mädchens nachdenken. “Alright, my little one. You can go with him, but try not to **distract** him.”
Wenig später stand Johannes mit dem Brotkorb neben Betty auf der Straße. Er versuchte sich einen Weg durch die Menge zu bahnen. Im Gegensatz zu dem beschaulichen Frankfurt waren hier wahre Menschenmassen unterwegs, und es kam ihm so vor, als schrien alle Straßenhändler durcheinander.

---

to fetch sth. [fetʃ] etw. holen **task** [tɑːsk] Aufgabe **on the right-hand side** [ɒn ðə ˌraɪthænd ˈsaɪd] rechts **to distract sb.** [dɪˈstrækt] jdn. ablenken

"**Pancakes**!" Auf der anderen Straßenseite lief eine ärmlich gekleidete Frau mit einem kleinen Kind, das sich an ihrem Rock festhielt, auf und ab und bot schreiend ihre Ware an. Johannes trabte hinter Betty her, der er in den engen, verwinkelten Gassen mit kleinen Fachwerkhäusern kaum folgen konnte. Er stieß mit einem Straßenhändler zusammen, dem die Mütze tief ins Gesicht fiel.
"**Cucumbers for pickling**!", rief der Mann, zog die Mütze wieder gerade und lief weiter. Aus einer Werkstatt kam die Stimme eines alten, zahnlosen Mannes: "Broompff, broompff!"
Betty lachte. "This is *Old Broompff*. He sells **brooms**."
"Any knives to **grind**?", hörte Johannes einen Scherenschleifer, der beim Schleifen eine Pfeife rauchte. Sein Schleifstein war in einem kleinen Holzgestell mit einem Rad angebracht, sodass er ihn mühelos überall hinschieben konnte.
"**Silk stockings** and **yarn**!" Eine junge Frau mit einem Holzkasten bot ihre Ware an.
Jemand versuchte Johannes an der Schulter zu packen, um ihm seine Ware anzupreisen. "Socks! Socks! Four pairs a shilling!", schrie er ihm ins Ohr.
I need a couple of **sewing needles** for my sister, dachte Johannes gerade, als Betty auch schon fragte: "See the **starlings**?"

---

pancake ['pænkeɪk] Eierpfannkuchen **cucumber for pickling** ['kjuːkʌmbə fə 'pɪklɪŋ] Einmachgurke **broom** [bruːm] Besen **to grind (ground, ground)** [graɪnd / graʊnd / graʊnd] schleifen **silk stocking** [ˌsɪlk 'stɒkɪŋ] Seidenstrumpf **yarn** [jɑːn] Garn **sewing needle** ['səʊɪŋ ˌniːdl] Nähnadel **starling** ['stɑːlɪŋ] Star

Übung 9: Welche Begriffe gehören zusammen? Tragen Sie den richtigen Buchstaben ein.

1. a couple of	☐	**a.** clothes
2. a baker's	☐	**b.** and horses
3. some second-hand	☐	**c.** tea
4. a sea	☐	**d.** apprentice
5. a stagecoach	☐	**e.** sewing-needles
6. some herb	☐	**f.** voyage

"What starlings?", wollte er wissen und suchte den Himmel nach den Vögeln ab.

Betty schüttete sich aus vor Lachen. "I mean those nineteen wooden **piers** over there. They are called starlings. The bridge would **give way** without their **support**."

Jetzt erkannte auch Johannes, dass die Pfeiler wie Vögel aussahen und ihn an Wachtposten erinnerten. Den Weg zur Brücke hätte er zwar ohne Betty gefunden, aber die Begleitung des Mädchens machte ihm Spaß. Schon am ersten Tag in London hatten ihn die Häuser, die hier auf die Brücke gebaut waren, fasziniert. In Frankfurt gab es nur einen Wachturm auf der Brücke, mehr nicht, aber hier war die Brücke wie eine ganz gewöhnliche Straße, nur dass die Themse darunter durchfloss.

"Here we are!" Edward Granger deutete auf das kleine Backsteinhaus, das in der Nähe einer Kirche stand, Reihe in Reihe mit anderen Häusern, die aber alle breiter und größer waren. Es war nicht die beste, aber auch nicht die schlechteste Gegend Londons.

---

pier [pɪə] Pfeiler **to give (gave, given) way** [ˌgɪv ˌgeɪv ˌgɪvən ˈweɪ] zusammenbrechen **support** [səˈpɔːt] Halt

“Come in!”, wurden Gwen und Susanna von Megan begrüßt. “I have already **lit the fire**. See the chimney over there. I **swept** the floors, then covered them with **rushes** and made it as beautiful as possible.”
Tante und Nichte sahen sich in ihrem neuen Zuhause um und waren erstaunt, wie gemütlich das kleine Häuschen von innen wirkte.
“There’s a bigger room for you here on the ground floor. The table and the three chairs were already here”, erklärte Megan. “And you’ve brought along your **kitchenware**. You can put everything on those shelves on the wall over there. I’ve made some **stew**. I hope you’ll like it.” Jetzt erst sahen Gwen und Susanna den Topf, der über dem Feuer hing, und plötzlich stach ihnen auch ein verführerischer Duft in die Nase. Sie bekamen großen Hunger, obwohl es noch längst nicht Mittag war.
“So much has happened within just a few hours. I thought it was evening already.” Gwen ließ sich auf einen der Stühle fallen und schaute dankbar zu Megan auf.
“There are two smaller rooms on the top floor, and that’s it. And here.” Edward Granger zeigte Gwen mit ernster Mine einen kleinen Beutel. “This is the little bit that’s left. What do you want to do with it?”
“Oh, thank you. Please give it to me”, sagte Gwen erfreut.
“Aunt Gwen ...” Susanna sah sie bittend an. “Wouldn’t you like Mr Granger to keep it for you?”
“That’s a good idea! Edward can keep it for us.” Fast schien es, als wäre Gwen erleichtert.

---

to light (lit, lit) the fire [ˌlaɪt / ˌlɪt / ˌlɪt ðə ˈfaɪə] Feuer machen **to sweep (swept, swept)** [swiːp / swept / swept] fegen **rush** [rʌʃ] Binse **kitchenware** [ˈkɪtʃənweə] Kochgeschirr **stew** [stjuː] Eintopf

"Fine, that's **settled**. **I'll keep an eye on** it." Granger steckte den Beutel wieder ein. "Follow me, Susanna. Let's go and visit the Arlingtons."
Im Hinausgehen hörte Susanna, wie Megan zu Gwen sagte: "Agnes Hinch wants to visit you in the afternoon."
"**Goodness, gracious me!** Who told her that I was in London?", antwortete Gwen erschrocken.
Edward Granger schloss die Tür, und Susanna konnte nicht mehr hören, was Megan antwortete.
"Who's Agnes Hinch?", wollte Susanna von Granger wissen.
"She's an old neighbour of Gwen's, as far as I know. Gwen didn't seem to be too **delighted**, did she?"
"I can well believe it", antwortete Susanna nachdenklich.
"The Arlington family doesn't live very far away. Pay attention and I'm sure you'll be able to find your own way there from tomorrow." Er bahnte sich und Susanna einen Weg durch die Menge.
"Can I start working there tomorrow?" Susanna freute sich, auch wenn alles so schnell ging und sie das Gefühl hatte, dass sich die Ereignisse überschlugen.

Als Susanna sich mit Edward Granger auf den Weg zu den Arlingtons machte, klopfte Johannes an die Tür der Wohnung, in die er die Brote von Bäcker Dobson bringen sollte. "Hello? Here are your loaves!" Niemand öffnete. Er wartete geduldig. Nach einer Weile klopfte er noch einmal und endlich öffnete eine junge Frau.

---

settled ['setld] erledigt **to keep (kept, kept) an eye on sth.** [ˌki:p / ˌkept / ˌkept ən 'aɪ ɒn] etw. im Auge behalten **Goodness, gracious me!** ['gʊdnəs ˌgreɪʃəs 'mi:] Du lieber Himmel! **delighted** [dɪ'laɪtɪd] erfreut

"The loaves? Oh, I forgot all about them. I'm so sorry ... My mother passed away suddenly. She lived in a village just outside the city walls. I had to go there for the **funeral**. I've just returned. Thank you for the bread ... I don't know why my mother died. Last week she was healthy and lively. I'm so very sad. Neighbours told me, four days ago she **sneezed** and couldn't breathe and coughed a lot. She died the day before yesterday." Unvermittelt begann sie zu weinen. Johannes wusste nicht recht, was er tun sollte, aber die Frau gab ihm das Geld für das Brot und schloss die Tür. Er stand eine Weile davor und überlegte. Die Frau tat ihm leid, aber er wusste nicht, wie er ihr hätte helfen können.

Nachdenklich beschloss er, zu Dobson zurückzukehren. Zunächst jedoch wollte er noch bei Bridget vorbeisehen, um seine Sachen zu holen. Betty schickte er zu ihrem Vater zurück. Alles war so schnell gegangen; er war verwirrt und durcheinander, da erblickte er unmittelbar vor sich zwischen den Händlern und Passanten seine Schwester mit Mr Granger.

"Susanna! Wait for me!", rief er, so laut er konnte. Das Stimmengewirr hier auf der Straße übertönte alles, aber seine Schwester hatte ihn gehört.

"Johannes? Where have you come from?" Susanna freute sich, ein bekanntes Gesicht zu sehen.

"I'm so glad to see you!" Die beiden fielen sich in die Arme, als hätten sie sich jahrelang nicht gesehen. Johannes erzählte von Mr Dobson und Susanna von den Arlingtons, die sie gleich kennenlernen sollte.

---

funeral ['fju:nərəl] Beerdigung **to sneeze** [sni:z] niesen

Übung 10: Setzen Sie die angegebenen Verben in die richtige Zeitform.

"It's strange", sagte Johannes bekümmert. "I **1.** ______ ______________ *(to just deliver)* some bread. The customer **2.** ______________________ *(to keep)* talking about death."

"Don't **3.** ______________________ *(to feel)* sad. Remember we **4.** ______________________ *(to have)* a house – a small but very nice one."

Edward Granger erklärte ihm, dass seine Habe schon in das neue Haus gebracht worden waren, und beschrieb ihm, wo er es finden konnte. Johannes war froh, nicht mehr zu Bridget zurückzumüssen.

"I **5.** ______________________ *(to not miss)* Bridget at all. She **6.** ______________________ *(to be)* so **bossy**", erklärte er.

Er hatte sich nicht wohlgefühlt bei Gwens Schwester, obwohl er dankbar sein musste, dass sie und ihr Mann sie überhaupt aufgenommen hatten. Aber diese drei Tage hatten ihm in jeder Minute vor Augen geführt, in welcher Lage sie sich befanden. Mr Granger hatte alles zum Guten gewendet und er war ihm sehr dankbar.

---

bossy ['bɒsɪ] rechthaberisch

Lange sah er Susanna nach, die mit Granger zu den Arlingtons ging.

“You must be Susanna!”, sagte der hochgewachsene, freundlich aussehende Mann mittleren Alters, der Susanna und Edward Granger, einen alten Freund der Familie, auf dem Weg zu einem weiß getünchten großen Haus mit Park entgegenkam.
“My family and I have been waiting for you and we’re looking forward to meeting you. I’m Gabriel Arlington. Please follow me, I want to introduce my family to you.”
Erleichtert folgte Susanna dem Gentleman in das Haus, das einladend und freundlich wirkte. Auf der Treppe hatte sich der Rest der Familie versammelt: Mrs Arlington, groß und sehr schön, mit einer für die gängige Mode ganz untypischen Frisur – die Haare waren einfach glatt nach hinten gekämmt und mit einem Kamm auf dem Kopf zusammengehalten, ohne Haube oder Zierrat –, und ihre Tochter. Neben ihnen stand ein junger Mann, der Susanna freundlich entgegenlächelte.
“This is my wife Prudence. Her name says everything you need to know about her. This is my daughter Mathilda. She is ten years old and very clever for her age. And this young man is my assistant Christopher Worth.”
Noch ehe Susanna etwas entgegnen konnte, ergriff Mathilda das Wort und schlug vor: “Come along with me! I want to show you the most interesting thing in our house.” Sie fasste Susannas Hand und zog sie in einen großen, hellen Raum mit riesigen Fenstern. Ein großer Tisch stand in der Mitte des Zimmers, und auf diesem ein Gerät, wie es Susanna noch nie gesehen hatte.

"This is a **microscope**. It's rather like a **magnifying glass**. You can use it to make little things look very big", sagte Mathilda stolz. "My father has just put a dead **flea** into it. Look through the glass at the top of the microscope. The flea is as big as a dog, isn't it? Can you see its legs und its head? Have you ever seen anything like that before?"
Susanna schüttelte nur den Kopf.
"Do you know John Donne?" Das lebhafte Mädchen wartete gar nicht erst Susannas Antwort ab. "He was a poet and he wrote a poem called *The Flea*. I changed the words a bit and made up a poem of my own. Naturally, it's very simple. Would you like to hear it?"
"I'd love to!" Susanna schaute erwartungsvoll auf die kleine Gestalt in dem blauen Samtkleidchen.
Mathilda holte tief Luft. "Listen to me!" Ihre klare Stimme ließ ihre Eltern aufhorchen und Mr und Mrs Arlington kamen in das Zimmer.
„It's a very short **ditty**. Listen!" Mathilda räusperte sich. "*My Flea*. That's the title of my poem", sagte sie feierlich und begann zu deklamieren:

My Flea
Whether it's you or whether it's me
Our blood is in the flea.
It's all the same to the flea
Whether it ***bites*** *you or whether it bites me.*

Mr und Mrs Arlington sahen sie lächelnd an. Mathilda hüpf-

---

microscope ['maɪkrəskəʊp] Mikroskop **magnifying glass** ['mægnɪfaɪɪŋ ˌglɑːs] Vergrößerungsglas **flea** [fliː] Floh **ditty** ['dɪtɪ] Liedchen **to bite (bit, bitten)** [baɪt / bɪt / 'bɪtn] beißen

te fröhlich durch das Zimmer. “I haven't finished it yet. But now I have to get on with my work”, sage sie plötzlich sehr ernst, rannte in den Garten und verschwand hinter einer großen Steinmauer.
Susanna sah ihr verwirrt nach. Ihr schwirrte der Kopf, aber sie wusste, dass sie sich in dieser Familie wohlfühlen würde.

Einen Monat später hatte sich das Leben von Johannes, Susanna und Gwen in London gut eingespielt. Susanna gefiel es bei den Arlingtons und sie lernte jeden Tag Neues dazu. Gwen war zufrieden in ihrem Haus mit seinem Schornstein und den Glasfenstern und hatte es schon so wohnlich wie möglich gemacht. Wäre der Schmerz um Gottfrieds Tod nicht gewesen, man hätte sie als rundum glücklich bezeichnen können.
Johannes kannte sich schon gut in London aus; seine Arbeit machte ihm Spaß, auch wenn er noch nicht zum Backen kam. Er trug Brötchen und Brot aus, Tag für Tag. Was ihn jedoch nachdenklich machte, waren die Todesfälle, von denen er jeden Tag hörte. Es war, als würden in dieser Stadt Menschen mitten aus dem Leben gerissen, nicht nur alte Leute, sondern auch Kinder und Männer und Frauen in den besten Jahren ihres Lebens, die, so kam es ihm vor, von einer zur anderen Stunde plötzlich erkrankten und kurz darauf starben.

Übung 11: Vervollständigen Sie die Begriffe aus dem "The Great Plague"-ABC. Die Zahl der Buchstaben des gesuchten Wortes ist vorgegeben.

1. A stands for _ _ _ _ _ _ _ _ _ _ _ – Johannes must first become this before he can become a master baker.

2. B stands for _ _ _ _ _ – Gwen dreamt of buying a house made of this material.

3. C stands for _ _ _ _ – the place Gwen kept her money before it was stolen.

4. D stands for _ _ _ _ _ _ – the master baker.

5. E stands for _ _ _ _ _ _ _ _ – the country where Gwen was born.

6. F stands for "The _ _ _ _" – the title of a poem that Mathilda read out to Susanna.

7. G stands for _ _ _ _ _ – this is what you have to do to knives to keep them sharp.

8. H stands for _ _ _ _ _ _ – the surname of Gwen's old neighbour.

Eines Abends im Dezember, es war schon dunkel, stand Johannes mit seinem Brotkorb am Ufer der Themse, um einen Augenblick auszuruhen, als er jemanden rufen hörte: "Look, there! There's a **comet**! What does it mean?"
Die ganze Stadt war in Aufregung. War der Komet ein gutes oder ein schlechtes Zeichen? Johannes hatte ihn kaum gesehen. Nur ein heller Streifen am bewölkten Himmel war ihm aufgefallen.

---

comet ['kɒmɪt] Komet

Four

Endlich war das Frühjahr gekommen. Ab und zu durchbrach schon ein Sonnenstrahl den grauen Himmel und man konnte die wärmere Jahreszeit erahnen. In aller Frühe war Johannes unterwegs, um seine Brote auszutragen. Er hatte einen weiten Weg zu den *north-western suburbs* und beeilte sich, weil danach sein freier Tag begann, den er bei Gwen und Susanna verbringen wollte. Er traf Jacob, einen Fischhändler, der den gleich Weg hatte.

"I wouldn't like to live anywhere else", stellte Jacob voller Überzeugung fest, als sie im Zentrum von London unterwegs waren.

"Why?", wollte Johannes wissen. Er war jeden Tag aufs Neue fasziniert von den engen Gassen der Stadt, den dicht an dicht stehenden Häusern und den vielen Menschen, die an ihm vorbeieilten. Bei einigen Häusern waren die oberen Stockwerke so weit über die Straße gebaut, dass die Bewohner ihren Nachbarn von gegenüber die Hand reichen konnten. Und doch konnte er sich immer noch gut vorstellen, wieder in Frankfurt zu leben, obwohl ihm London gut gefiel.

"There's always something going on here in London – by day and by night. Do you see that old man over there? The one with the **lantern**?"

"You mean that old **night watchman dragging** himself home? What's special about him?"

Jacob lachte. "Nothing ... but ... yet again *everything*!" Johannes kannte Jacob schon eine Weile und mochte ihn,

---

lantern ['læntən] Laterne **night watchman** [ˌnaɪt 'wɒtʃmən] Nachtwächter **to drag** [dræg] schleppen

dachte aber, dass dies wieder einer seiner Spinnereien sein müsste.
"You talk in **riddles**", sagte er und wartete auf Jacobs Erklärung.
"You don't understand, do you? I love this city because there's always something going on. Before the night watchman even **hits the sack**, we are up and ... how can I **put** it?" Er dachte einen Moment nach. "Yes, we take his place!"
"But we aren't night watchmen", grinste Johannes.
"You know what I mean. This city is alive, every hour and every minute of the night and day. That's why I love London."
Langsam kamen sie ihrem Ziel näher und riefen laut: "Everything you need for breakfast – loaves, fish!"
Aus einer anderen Richtung kam der Ruf: "Enjoy a good breakfast with milk and cream!"
"Eggs, good fresh eggs!"
"Ham and sausages!"
Er hat recht, dachte Johannes, diese Stadt ist wirklich immer wach. Und doch kam es ihm heute ruhiger als sonst vor. Nicht überall waren die Fenster geöffnet, einige wenige Häuser blieben ganz verschlossen. Ein Mann mit einer Handkarre schlich vor ihnen her und sah sich verstohlen um.
"He looks like a **quack**", stellte Jacob fest. "He's already the fourth I've seen in two hours. Have you noticed them too? It's strange, isn't it? What's going on?"
Johannes zuckte die Schultern. Mit großen Schritten setzten Jacob und er ihren Weg fort.

---

riddle ['rɪdl] Rätsel **to hit (hit, hit) the sack** [ˌhɪt / ˌhɪt / ˌhɪt ðə 'sæk] sich aufs Ohr hauen **to put (put, put)** [pʊt / pʊt / pʊt] *hier:* ausdrücken **quack** [kwæk] Quacksalber

“We’re short of money. We’re living **on a shoestring**”, seufzte Gwen, als Johannes einige Stunden später bei ihr und Susanna ankam. Sie dachte einen Moment nach und sagte dann zögernd: “I want to look for a job.” Sie sah dabei nicht sehr überzeugt aus, aber Johannes und Susanna waren gerührt über ihren guten Willen.
“You don’t have to work. You ought to know that. We don’t earn much, but it is enough.”
“Good boy!”, erwiderte Gwen dankbar und biss herzhaft in ein Rosinenbrötchen, das Johannes mitgebracht hatte. “I don’t want to complain. My sister said Gottfried spoilt me. I am a poor old woman and I should be glad and thankful that you are taking care of me.” Gwen zog eine Haarsträhne unter ihrer Haube hervor und wickelte sie sich um den Finger. ”Bridget has bought **oak** and **mahogany** furniture and she calls our house a **nutshell**”, brach es plötzlich aus ihr heraus.
Empört ergriff Susanna das Wort. “Our house isn’t a nutshell. It’s small but **well-kept**. We had a little bit of bad luck last year, that’s all!” Selten genug wurde Susanna zornig. Johannes begriff, dass es Gwen ernst war. Ihre Schwester Bridget stichelte und bohrte jedes Mal, wenn sie sich trafen, und ließ kein gutes Haar an Gwens Situation.
Vor dem Haus waren Schritte zu hören.
“Gwen, Gweeheen? Gwendolyn, Darling, Agnes here! I’ve got some good news for you. **A friend in need is a friend indeed.**”

---

on a shoestring [ɒn ə 'ʃuːstrɪŋ] mit ein paar Groschen **oak** [əʊk] Eiche **mahogany** [mə'hɒgənɪ] Mahagoni **nutshell** ['nʌtʃel] Nussschale **well-kept** [ˌwel'kept] gepflegt **A friend in need is a friend indeed.** [ə ˌfrend ɪn 'niːd ɪz ə ˌfrend ɪn'diːd] Freunde erkennt man in der Not.

"It's Agnes Hinch. I don't know whether to be pleased or annoyed ..." Gwen sprang auf und öffnete die Tür.
"Oh deary, do you have visitors?"
"My niece Susan and my nephew John. I've told you about them."
"Glad to meet you." Agnes Hinch sah sie lächelnd und doch abschätzend an. Susanna fiel Agnes' unsteter Blick auf. Ihre Augen wanderten blitzschnell umher, schienen alles aufzunehmen, ruhten aber nie für längere Zeit auf einem Punkt. Warum sieht sie mir nicht in die Augen?, dachte Susanna. Obwohl sie gute Kleidung trug, wirkte Agnes Hinch auf eine schwer zu beschreibende Art schäbig. Ihr Rock berührte vorn den Boden, hinten war er mehrere Zentimeter kürzer, aber er war aus schwerem Samt und bestimmt sehr teuer gewesen. Ihr Leinenhemd sah neu aus, aber die Ärmel waren zu kurz. Ihr samtener Umhang hatte eine abgeschabte Stelle auf der Vorderseite, so als wäre er einmal von einer Brosche zusammengehalten worden. Agnes Hinch sah aus, als hätte sie beim Ankleiden in eine fremde Kleidertruhe gegriffen und sich in aller Eile irgendetwas übergezogen.
"I think she's a bit strange", raunte Johannes seiner Schwester zu, und während Agnes Gwen umarmte, fragte er Susanna: "How did they get to know each other?"
"She was living in the house next door to Gwen's parents and they grew up together", antwortete Susanna. Mehr wusste sie nicht; Tante Gwen hatte ihr kaum mehr über Agnes Hinch erzählt, als sie von Mr Granger erfahren hatte.
"Would you like some tea?", fragte Gwen indessen Agnes. "Susanna makes some very good herb tea."
"Oh no, thank you. I would prefer coffee", antwortete sie mit einem abfälligen Blick auf Susannas Kräuter, die über dem Kamin hingen, wohl wissend, dass sie in einem Haushalt wie

dem von Gwen und Susanna niemals teuren Kaffee bekommen würde. "Are the herbs from your country?", fragte sie.
"Not all of them. We collected some of them in a forest in Hampstead early in spring – these **nettles**, for example", antwortete Susanna höflich.
"People should drink whatever they want to." Schnippisch wandte Agnes den Kopf zu Gwen. "If it doesn't kill you, it will make you stronger." Sie ließ ein glucksendes Lachen hören, aber sofort wurde sie wieder ernst. "I've got good news for you, Gwen."
Gwen warf ihrer Freundin einen ängstlichen Blick zu.
"Your aunt is looking for work, you know and I, Agnes Hinch, have found something for her. Isn't that excellent news?"

Übung 12: Setzen Sie Präposition oder Adjektiv nach dem Verb "to look" ein.
(forward, on, at, like, for, after)

1. Agnes said: "Your aunt is looking ______________ work."
2. Gwen looked ______________ Susanna and Johannes when they were small.
3. Gwen was looking ______________ to coming back to London.
4. The man Johannes saw on the street looked ______________ a quack.

---

nettle ['netl] Nessel

5. Johannes and Jakob looked ______________ with **distrust** as the quack pushed his cart past them.

6. Agnes looked ______________ Johannes and Susanna **suspiciously**.

Beifallheischend sah sie sich im Zimmer um.
She's much too interested in other people's business, dachte Johannes.
"I told you I wanted to work, didn't I?" Nervös wandte sich Gwen an Johannes und Susanna.
"Where did you find a job for my aunt, Mrs Hinch?" Johannes betonte jedes seiner Worte.
"Call me Agnes, I'm Gwen's best friend."
"Agnes, well, where did you find a job for my aunt?", fragte Johannes noch einmal, ohne eine Miene zu verziehen.
"Do you know the coffee house near St Paul's Cathedral? Gwen can sweep the floors and wash the dishes there early in the morning."
"What is a coffee house?", fragte Susanna verwirrt. "I've never heard of it."
"Nice people meet there to drink coffee. I think you know that coffee is an unusual dark black beverage. They talk to each other or play **chess** and other games. It's a good job, perhaps Susanna ..."
Noch bevor Agnes den Satz beendet hatte, rief Johannes: "No! Neither my aunt nor my sister is going to work there! It's obviously not the right place for a woman. **Rumour**

---

distrust [dɪ'strʌst] Misstrauen **suspiciously** [sə'spɪʃəslɪ] argwöhnisch **chess** [ʃtes] Schach **rumour** ['ruːmə] Gerücht

has it that coffee is the *bitter* ***invention*** *of the* ***devil***."
Agnes Hinch brach in Gelächter aus.
"The bitter invention of the devil! Well, Johannes, you might be good-looking but you obviously need to get yourself an education. Coffee houses are a **hub** of activity. And for the price of a few pennies a cup you can learn a lot there."
"Get out of our house!" Johannes war aufgestanden und wies zur Tür.
"Easier said than done." Agnes blieb ungerührt sitzen. "Don't you have something to tell him, Gwendolyn?" Und an Johannes gewandt: "Your aunt has no choice in the matter."
"Why? Aunt Gwen, tell me the truth ... what's wrong?"
Gwen begann zu weinen. Erschrocken legte Susanna die Arme um sie.
"I owe a friend of Agnes some money", flüsterte sie kaum hörbar.
"You**'ve run up** ***debts***?", riefen die Geschwister wie aus einem Mund. Fassungslos starrten sie Gwen an.
"I showed her my silver forks", sagte Agnes kalt. "She wanted to buy the same forks and so my good friend lent her some money. He's such a kind man. Now he's short of money himself and wants it back."
"How much does she owe him?", wollte Johannes wissen.
"Oh, these days lovely things cost a small fortune." Agnes nannte eine Summe, die alles übertraf, was die Geschwister aufbringen konnten. "Thirty **Guineas**! If you can pay him the money, Gwen won't have to go to the coffee house." Sie stand auf und griff nach ihrem Umhang. "Old sins have

---

invention [ɪn'venʃn] Erfindung **devil** ['devl] Teufel **hub** [hʌb] Zentrum **to run (ran, run) up sth.** [ˌrʌn / ˌræn / ˌrʌn 'ʌp] anhäufen **debts** [dets] Schulden **Guinea** ['gɪnɪ] Guinee

long shadows, as one says. Go to the coffee house the day after tomorrow at six o'clock in the morning, Gwen. And be there on time!" Schon im Türrahmen, drehte sie sich noch einmal um und rief: "Enjoy the rest of the day!"
"Why aren't you saying anything?", ergriff Gwen vorsichtig das Wort.
"We are waiting for you to say something first", antwortete Susanna eher verzagt als vorwurfsvoll.
"But ... please say something first", forderte Gwen verzweifelt.
"We were only thinking ... thinking about how we can get hold of that much money." Aber so sehr Johannes und Susanna auch überlegten und rechneten, sie hatten keine Idee, wie sie die Summe hätten aufbringen können. Ihr Lohn reichte gerade aus, den Lebensunterhalt der Familie zu bestreiten. Und auch die kleine Summe, die Edward Granger für Gwen verwaltete und vor seiner Abreise nach Schottland bei einem Freund für Gwen deponiert hatte, war zu gering, um ihre Schulden zu begleichen. Edward und Megan würden einige Zeit in Schottland bleiben. Sicher hätten sie Gwen geholfen. Aber die Grangers waren fort.
"I will have to work there", sagte Gwen tonlos. "I **haven't scrubbed** floors since I was a chambermaid to the King! But I will take the blame for my mistakes. I can't ask my sister to help me. She'll only tell me that I'm already in her debt. She won't give me anything."

Zwei Tage später trat Gwen Frahm ihre Arbeit an. Jeden Morgen, kurz nachdem die letzten Gäste gegangen waren,

---

to scrub [skrʌb] schrubben

fand sie sich in *Humphrey's Coffee House* ein, fegte die Böden und spülte Becher, Schalen und Geschirr. Mittags kam sie todmüde nach Hause. Sie litt unter ihrer Situation, aber es gab keinen anderen Ausweg.

Johannes traf Gwen oft, wenn er Brot und Brötchen in das Coffee House brachte. Und manchmal traf er dort auch Agnes Hinch. Weitaus öfter aber sah er sie in einem anderen Etablissement verkehren.

Eines Tages sprach sie Johannes dort an.

"This place is special, don't you think? See that **staircase** over there?" Agnes grinste. "The visitors can pull themselves up by **clinging to** a rope **nailed** to the wall."

Johannes schüttelte nur den Kopf; er stand in dem dunklen Eingang und sah die fast senkrechte Treppe, auf die Besucher sich an einem Tau hinaufziehen mussten.

"And doesn't look it very nice inside with the coffee pots placed in front of the fire on that **rusty** grate?" Sie deutete auf die Wände. "And all those lovely prints on the walls ... Look at that **extract** from an **Act of Parliament** against **swearing** and drinking. Do you think Gwen would prefer to work here?"

Johannes wollte sich an Agnes vorbeischieben, aber sie hielt ihn fest. "I forgot to mention the broken windows, the **stink** of the **tobacco** and the floor that's covered in dust and **cobwebs** like the **bottom** of an old **stable** ..."

---

staircase ['steəkeɪs] Treppe **to cling to sth.** ['klɪŋ tə] sich an etw. festhalten **nailed** [neɪld] angenagelt **rusty** ['rʌstɪ] rostig **extract** ['ekstrækt] Auszug **Act of Parliament** [ˌækt əv 'pɑːləmənt] Gesetz **to swear (swore, sworn)** [sweə / swɔː / swɔːn] fluchen **stink** [stɪŋk] Gestank **tobacco** [tə'bækəʊ] Tabak **cobweb** ['kɒbweb] Spinnennetz **bottom** ['bɒtəm] Boden **stable** ['steɪbl] Stall

Johannes machte sich von ihr los. Er wusste, dass Agnes noch in einem anderen, weitaus wüsteren Coffee House verkehrte, dem *Widow's Coffee House*, wo Frauen in Unterwäsche eine Treppe hinunterkamen, ihre Gesichter bedeckt mit Schminke und Puder.
"The *Widow's Coffee House* is only a front for a **brothel**", hatte sie ihm erst vor wenigen Tagen gesagt. Immer schwang in ihren Worten die Drohung mit, Gwen in eines dieser Häuser zu schicken.

Übung 13: Stimmen die folgenden Aussagen? Kreuzen Sie die zutreffenden Sätze an.

1. ☐ Gwen is in debt.
2. ☐ Gwen owes Agnes a lot of money.
3. ☐ There are several coffee houses in London.
4. ☐ All coffee houses are fronts for brothels.
5. ☐ Gwen loves her new job.
6. ☐ Johannes admires Agnes.

Auf dem Rückweg warf Johannes noch einmal kurz einen Blick ins *Humphrey's Coffee House*, um sich der Realität zu versichern – hier ging es nicht wüst zu. In diesem Haus verkehrten Handelsleute und Gelehrte, ja, sogar Geistliche waren hier schon gesehen worden. In diesem Coffee House traf man sich, um miteinander zu diskutieren oder Geschäfte zu machen.

Johannes und Jacob waren oft zusammen unterwegs, um ihre Waren anzubieten.
"Did you notice that a lot of people seem to be unhappy?",

---

brothel ['brɒθl] Bordell

fragte Jacob ihn eines Tages. Sie wollten gerade eine Straße überqueren, als sie plötzlich durch mehrere Kutschen und Packwagen aufgehalten wurden.
"The rich are leaving the city. My **observations** are correct."
"Which observations?"
"For the past week it's hardly been **worthwhile** going to the north-western suburbs at all. Haven't you noticed?"
Johannes nickte.
"There's a rumour that the plague has broken out there." Jacob flüsterte. "Look! Let's try something. Take your basket with the bread and try to sell it to the rich people over there in the coach. I'll try to sell my fish."
Sie näherten sich der Kutsche. Ein kleines Mädchen winkte ihnen fröhlich zu, wurde aber sofort vom Fenster weggeholt. Die Vorhänge wurden zugezogen. Die Kutsche konnte nicht weiter, weil vor ihr ein Packwagen einen Schrankkoffer verloren hatte. Es schien, als wären die Kutschen in aller Eile bepackt worden.
"In the summer the rich move to the country, but it's just the beginning of spring now. It's too early for them to leave the city. Why are they going?", sagte Jacob.
Jetzt hatten sie die Kutsche erreicht.
Jacob klopfte ans Fenster und rief laut: "Do you want some fish and bread? Fresh bread and fine fish?" Er klopfte noch einmal.
"Get along with you!", ertönte eine Männerstimme aus der Kutsche.
"We only want to sell our fish and bread", versuchte es Jacob noch einmal.

---

observation [ˌɒbzəˈveɪʃn] Beobachtung **worthwhile** [ˌwɜːθˈwaɪl] der Mühe wert

"We don't need your **produce**. Get along with you! Take it from me. I won't ask you again."
"Why are you being so unfriendly? I am only offering my goods for sale."
"Coachman, **raise** your **whip** and drive away the **villains**."
Die Männerstimme klang aufgeregt und ängstlich. Das Kind in der Kutsche weinte, und eine Frauenstimme redete ihm gut zu: "Silence! We'll be fine."
"Raise your whip, Coachman!", schrie der Mann wieder. Da erklang ein Schwirren in der Luft und ein Peitschenhieb traf Johannes an der Schulter. Erschreckt trat er zurück.
"See that? They are afraid of us", rief Jacob. "They are frightened of the plague and they think they might catch it from us. There's a hot summer ahead of us and I fear there'll be many dead. **Mark my words**, John."
Aber Johannes dachte im Moment weniger an das, was sie im Sommer erwartete, als daran, wie sich der Schmerz des Peitschenhiebs stillen ließe. Er konnte kaum noch den Arm bewegen und den Brotkorb halten.
"Your shirt is **torn** and there's some blood trickling down your arm. I'm so sorry that I got you into trouble", sagte Jacob.
Zwei Soldaten schritten die Straße entlang. Johannes und Jacob sahen, wie die Passanten und Händler zurückwichen, um ihnen Platz zu machen. Die Soldaten näherten sich einem Haus und riefen: "We're putting this house under **quarantine**." Sie malten ein rotes Kreuz auf die

---

produce ['prɒdjuːs] Ware **to raise the whip** [ˌreɪz ðə 'wɪp] die Peitsche schwingen **villain** ['vɪlən] Schurke **Mark my words.** [ˌmɑːk maɪ 'wɜːdz] Merk dir das. **torn** [tɔːn] zerrissen **quarantine** ['kwɒrəntiːn] Quarantäne

Tür. Hinter einem Fenster im oberen Stockwerk stand ein Mann mit wirrem Haar und sah weinend auf die Straße.
"It has begun", flüsterte Jacob und starrte den Mann an. Der riss mit einem Mal das Fenster auf und schrie: "Move on ahead at once. It's the plague. Save yourself from the plague. My wife died of the plague. Every man for himself! Run for it ... before it's too late!"

Als Johannes an diesem Abend zu Gwen ging, um sich von Susanna die Wunde verbinden zu lassen, hatte er das Gefühl, alles wäre nur ein Albtraum gewesen, der schon längst vorbei war. Die Theater waren geöffnet wie eh und je, aus den Coffee Houses erscholl Gelächter und lautes Reden. Der Duft von Kaffee stieg ihm in die Nase. Die am meisten besprochene Nachricht des Tages war der Krieg zwischen England und den Niederlanden.
Auch zu Hause sprach niemand über die Pest. Susanna bereitete einen Sud aus Kräutern zu, um Johannes' Wunde zu reinigen, und Gwen redete über die Besucher von *Humphrey's Coffee House*.
"Guess who I saw in the coffee house today?", fragte sie.
"I don't know", meinte Susanna gutmütig und sah sie fragend an.
"Samuel Pepys!"
"Who is that?"
"You don't know him, do you? He's a **naval administrator** and a very good-looking man. He and a woman were drinking coffee together."

---

naval administrator [ˌneɪvl ədˈmɪnɪstreɪtə] Staatssekretär im Marineamt

"What else should he be doing in a coffee house?", fragte Johannes. Er zog Hemd und Jacke über, umarmte seine Schwester und seine Tante und machte sich auf den Heimweg.

Übung 14: Adjektiv oder Adverb? Unterstreichen Sie die korrekte Form.

1. Coffee tastes *(bitter/bitterly)*.
2. Johannes was bleeding *(bad/badly)*.
3. Agnes looked at Johannes *(careful/carefully)*.
4. The street merchants worked *(hard/hardly)* to sell their produce.
5. Bananas are *(rare/rarely)* in Frankfurt.
6. The plague is coming *(dangerous/dangerously)* close to the bakery.

Auf der Straße hielt er die Augen offen. Er bemerkte, dass die Stimmung anders war als sonst. Er sah Menschen, die einen Bogen um ein Haus mit einem Kreuz machten. Andere hielten sich Tücher vor das Gesicht. Es gab kaum noch Grüppchen von Leuten, die zusammenstanden und sich unterhielten. Alle eilten aneinander vorbei, um so schnell wie möglich nach Hause zu kommen. Etwas Bedrohliches lag in der Luft.

Five

Es war ein heißer Sommer und der Ausbruch der Pest war nicht mehr zu verleugnen. Täglich starben mehr Menschen und die Reichen flohen zu Tausenden aufs Land.

"Everybody – lawyers, **physicians** and priests too – will try to escape from the plague, believe me." Jacob war zu Johannes getreten, der einem Ausrufer zuhörte, der eine Proklamation des Bürgermeisters verkündete. Der Mann stand auf einem Fass und war gerade dabei, etwas über die Funktion der Wachmänner zu verlesen. Dort, wo gerade noch das Leben pulsiert und die Menschen ihre Waren angepriesen hatten, war plötzlich Stille eingekehrt. Alle starrten wie gebannt auf den Ausrufer, versuchten aber, wie auf ein geheimes Zeichen hin, Abstand voneinander zu halten. Das Wort "Pest", einmal ausgesprochen, hatte die Gewohnheiten der Menschen verändert.

"Watchmen. The orders are that two watchmen, one for the **day shift**, and the other for the night shift, **will be assigned to** every **infected** house. These watchmen will make sure that nobody **enters** or leaves the house. Anybody found doing so will be punished. If the watchmen have to leave their **post** for any reason, they will take the key with them. One watchman will work until ten o'clock at night, and the other one will work until six in the morning."

Schon seit einiger Zeit waren Wachmänner vor den betroffenen Häusern postiert, aber erst jetzt wurde es offiziell angeordnet.

---

physician [fɪ'zɪʃn] Arzt **day shift** ['deɪʃɪft] Tagschicht **to be assigned to sth.** [bi: ə'saɪnd tə] für etw. eingeteilt werden **infected** [ɪn'fektɪd] infiziert **to enter sth.** ['entə] etw. betreten **post** [pəʊst] Posten

Johannes hörte dem Ausrufer weiter zu.
"We are going **to appoint female searchers** in every **parish**. Only honest women can become searchers. They will have the task of **inspecting** the bodies and reporting back to the **authorities** as to whether the people died of the plague or not."
Stimmengemurmel erhob sich und der Wachmann forderte Ruhe. Johannes erblickte ein verriegeltes Haus, auf dessen Tür folgendes Zeichen gemalt waren:

A B R A C A D A B R A
A B R A C A D A B R
A B R A C A D A B
A B R A C A D A
A B R A C A D
A B R A C A
A B R A C
A B R A
A B R
A B
A

"It's a **magic spell**. Maybe it will help", ließ sich Jacob vernehmen, der Johannes' Blick bemerkt hatte. "Another thing that might work is a Jesuit **incantation**. It's a special mark. To some it looks like a **holy** cross. Look at this house."

---

to appoint sb. [ə'pɔɪnt] jdn. ernennen **female searcher** [ˌfiːmeɪl 'sɜːtʃə] Fahnderin **parish** ['pærɪʃ] Gemeinde **to inspect sth.** [ɪn'spekt] untersuchen **authority** [ɔː'θɒrətiː] Behörde **magic spell** [ˌmædʒɪk 'spel] Zauberspruch **incantation** [ˌɪnkæn'teɪʃn] Beschwörung **holy** ['həʊlɪ] heilig

Dort standen die Buchstaben

I H
S

an der Haustür.
Ein Geistlicher, der vorüberging, murmelte: "In hoc signum ... in this sign."
Der Ausrufer war indessen mit der Proklamation fortgefahren.
"During this time of plague no searcher may keep any shop or **stall**, or be employed as a **laundress**, or anything similar."
Von Weitem ertönte das leise Läuten kleiner Glöckchen. Die Menschen wichen erschreckt zurück.
"A searcher! Be careful!"
Eine Frau kam auf sie zu, in einen dunklen Kapuzenumhang gehüllt und mit einem mit Glöckchen verzierten weißen Stock in der Hand. Es bildete sich eine Gasse, um sie durchzulassen. Johannes schaute ihr in das Gesicht und erkannte Agnes Hinch.
"Women searchers have to be appointed in every parish", sprach er die Worte des Ausrufers nach. "Honest women." Schaudernd sah er Jacob an.
Der Ausrufer fuhr fort, noch mehr neue Vorschriften zu verlesen:
"**Nurse-keepers**. If any nurse-keeper shall **remove** herself out of any infected house before twenty-eight days after the

---

stall [stɔːl] Stand **laundress** [ˈlɔːndres] Wäscherin **nurse-keeper** *(veraltet)* [ˈnɜːsˌkiːpə] Pflegerin **to remove oneself** [rɪˈmuːv wʌnˌself] sich entfernen

decease of any person dying of the **infection**, the house to which the said nurse-keeper does so remove herself shall be shut up until the said twenty-eight days be **expired**."

Er machte eine Pause und stampfte mit seinem Stab auf den Boden.

"Shutting up of the house. If any person shall have visited any man known to be infected of the plague, or entered **deliberately** into any known infected house, being not allowed, the house he **inhabiteth** shall be shut up for certain days by the **examiner's direction** ..."

Ein Mann aus der Menge reichte ihm ein Glas Bier, das er in langen Zügen leerte.

Johannes hatte genug gehört, um zu wissen, dass es wirklich ernst wurde. Er wandte sich ab und setzte seinen Weg fort. Jacob schloss sich ihm an. Von ferne hörten sie schwere Kutschenräder nahen.

"It's the King with his **court**! The King is leaving London! We **have been dismissed** from his service."

Übung 15: Setzen Sie die folgenden Adjektive an der richtigen Stelle ein.

(rich, poor, first, last, better, worse, big, small)

"They're not the **1.** ________________ servants to lose their jobs, erklärte Jacob. "Yesterday I saw **dozens** of them walking through the streets. The **2.** ________________

---

infection [ɪn'fekʃn] Infektion **expired** [ɪk'spaɪəd] abgelaufen **deliberately** [dɪ'lɪbərətlɪ] absichtlich **to inhabit** [ɪn'hæbɪt] bewohnen **examiner** [ɪg'zæmɪnə] Prüfer **direction** [dɪ'rekʃn] Anordnung **court** [kɔːt] Hof **to dismiss sb.** [dɪs'mɪs] jdn. entlassen **dozen** ['dʌzn] Dutzend

men have shut up their **3.** ________________ houses and have abandoned their **staff**. Leaving London, following the King is **4.** ________________ than staying here, they think. But their **5.** ________________ servants will be the **6.** ________________ people to find a new position here. But **7.** ________________ things are still **ahead of** us. Mark my words – the plague is no **8.** ________________ thing!"

Niedergeschlagen gingen Johannes und Jacob weiter. Ob sie jetzt, wo alles geschlossen wurde, ihre Waren noch loswerden konnten?
"But", beendete Jacob das Gespräch, "we could be glad to **escape** the plague at all."

"Susan, we're leaving London. It's too dangerous for Mathilda to stay here", informierte Mrs Arlington eines Morgens Susanna. "Please come with us. In three days we'll travel to my parents who live **in the countryside**. My husband will be returning here, but first he has promised to **accompany** us to my parents' house."
"I can't come along. I have to stay with my aunt. My brother has to stay at the baker's. He hasn't got enough time to look after her. Her cousin travelled to Scotland with her

---

staff [stɑːf] Personal **ahead of** [ə'hed əv] vor **to escape** [ɪ'skeɪp] entkommen **in the countryside** [ɪn ðə 'kʌntrɪsaɪd] auf dem Land **to accompany sb.** [ə'kɒmpənɪ] jdn. begleiten

husband some time ago and won't come back as long as the plague is **spreading**. I can't leave my aunt alone."
"But Susan, it will be a **horrifying** experience for you here. Mathilda really cares for you and she will be very sad if you don't come along with us."
"I'm so sorry, but I can't."
Mrs Arlington warf Susanna einen traurigen Blick zu.
"I see. Let's be **grateful** at least for the fact that we can spend this day together. Let's **pray** to God that we**'ll survive**. You don't have to work now. Let's go on an outing. Let's talk to Tartlet."
Susanna musste lachen. Den Namen *Tartlet* hatte Mathilda der Köchin gegeben, weil sie die besten Törtchen weit und breit backen konnte.

Am selben Tag sagte Mr Dobson, der Bäcker, zu Johannes: "What a piece of luck! Bread is a **staple** and not a **luxury**! Just imagine if I were a **jeweller**. Who would think about buying **jewellery** in these hard times?"
Aber sein Lachen war traurig und ihm war die Tragweite des Unglücks, das London getroffen hatte, sehr wohl bewusst. Er füllte den Brotkorb, den Johannes austragen sollte und erklärte ihm den Weg zu einem Kunden, den er bisher noch nicht beliefert hatte. "Take the **short-cut** between Carter Lane and Paternoster Row through to

---

to spread (spread, spread) [spred / spred / spred] sich ausbreiten **horrifying** ['hɒrɪfaɪɪŋ] entsetzlich **grateful** ['greɪtfl] dankbar **to pray** [preɪ] beten **to survive** [sə'vaɪv] überleben **staple** ['steɪpl] Grundnahrungsmittel **luxury** ['lʌkʃərɪ] Luxus **jeweller** ['dʒu:ələ] Juwelier **jewellery** ['dʒu:əlrɪ] Schmuck **short-cut** ['ʃɔ:tkʌt] Abkürzung

St Paul's Cathedral", erklärte er. "You know, St Paul's is like a ruin. It's in urgent need of repairs, but people still love meeting there."
Johannes war noch nie in der großen Kathedrale gewesen. Er griff nach dem Brotkorb und verließ die Bäckerei. Auf dem Weg zur St Paul's Cathedral hielt ihn ein *quack* an.
"Do you need a **toad amulet**? It's good protection against the plague. Or some powder from a **unicorn's horn**. It's a certain cure for the plague."
"No, thank you, I don't need anything."
"You'll be grateful if you change your mind", hielt der Mann ihn weiter auf. "A **dreadful** time is coming upon all of us. My magic amulets can protect you. Believe me, I've seen the coffins, I've heard the **groans** from the **church-yards**. In December the comet **foretold** this **catastrophe**. It was a sign from God. If the comet had been able to write, it only would have written one word in capital letters into the heavens: PLAGUE. And it would have called in a terrifying voice: It's a sign of Heaven's **wrath**! It's God's **arrow**."
Er hielt Johannes' Brotkorb fest und versuchte, ihm seine Waren aufzudrängen.
"**Shove off!**" Jacob stand plötzlich neben ihnen und sah den Händler drohend an. "Nobody needs your useless **potions**!"

---

toad amulet [ˈtəʊd ˌæmjʊlət] Krötenamulett **unicorn's horn** [ˈjuːnɪkɔːnz ˌhɔːn] Horn eines Einhorns **dreadful** [ˈdredfl] furchtbar **groan** [grəʊn] Stöhnen **churchyard** [ˈtʃɜːtʃjɑːd] Kirchhof **to foretell (foretold, foretold) sth.** [fɔːˈtel / fɔːˈtəʊld / fɔːˈtəʊld] etw. vorhersagen **catastrophe** [kəˈtæstrəfɪ] Katastrophe **wrath** [rɒθ] Zorn **arrow** [ˈærəʊ] Pfeil **Shove off!** [ˈʃʌv ɒf] Schieb ab! **potion** [ˈpəʊʃn] Trank

“Keep your breath to cool your porridge”, murrte der Händler böse, drehte sich aber dennoch um und zog missmutig weiter.
“I’ve got to take this fish to St Paul’s”, sagte Jacob. “See you.”
“Wait for me, I’ll come with you”, schloss sich Johannes ihm an. “Mr Dobson told me to go by way of St Paul’s.”
Als sie schließlich vor der Kathedrale standen, blickte Johannes ehrfürchtig an dem riesigen Gebäude hoch.
“It looks quite **neglected**”, meinte er.
“But it’s not forgotten”, grinste Jacob, “go in and see.”
Sie traten ein. Zu Johannes’ Erstaunen spielte sich hier, trotz aller Verordnungen und Proklamationen, ein Leben und Treiben ab, das es draußen kaum noch gab. Es war, als würden die Menschen, die sich hier trafen, die Pest ignorieren.
“All kind of birds live here now by day and night.” Jacob lachte und deutete nach oben, wo die Vögel unter der teilweise undichten und eingefallenen Kuppel ihre Nester hatten. ”They make their nests up there or on the wooden roof. But watch out for the young boys with their **catapults**.”
Johannes wünschte sich, dass die Vögel ihnen entkommen könnten. “It’s very dirty inside”, sagte er. “The stones are **crumbling away**, but I think it’s a **marvellous** meeting place.” Er war fasziniert von den Menschen, die überall in der Kathedrale ihren Geschäften nachgingen. “Are those lawyers talking to their **clients**? And

---

neglected [nɪˈglektɪd] vernachlässigt **catapult** [ˈkætəpʌlt] Steinschleuder **to crumble away** [ˈkrʌmbl əˌweɪ] abbröckeln **marvellous** [ˈmɑːvləs] wunderbar **client** [ˈklaɪənt] Klient

what's going on here? Are these servants looking for a new job?"

Jacob nickte. "Yes, they are. Some lawyers don't have their own office. There are lots of corners and **niches** here where they can talk about everything privately with their clients. And yes, those servants are looking for new jobs. But I don't think they'll be very successful because most of the rich are in the country and there is hardly any work at all for the poor."

Ein auffällig gut angezogener Mann mit einer wesentlich jüngeren Frau am Arm ging an ihnen vorbei.

"Did you see that man?", fragte Jacob aufgeregt.

"Yes?"

"It's Mr Pepys. I wonder why he hasn't left London. It might be a love affair that's keeping him here." Jacob grinste.

"You mean that **clean-shaven** man wearing a shoulder-length **wig**? My aunt told me about Mr Pepys and how she saw him drinking coffee with a woman a few weeks ago."

"Yes, it's typical of Mr Pepys to go to a coffee house. He always dresses **fashionably** and the ladies love him. I'm sure wearing a wig and shaving one's face will soon be the **height of fashion** here in London. **Beards** will be out and wigs will be in. He often wears a silk **waistcoat** and a **frock coat**." Jacob lachte. "Maybe one day I will have to sell my fish wrapped up in **silk scarves**."

---

niche [niːʃ] Nische **clean-shaven** [ˈkliːnˌʃeɪvn] glatt rasiert **wig** [wɪg] Perücke **fashionably** [ˈfæʃnəblɪ] modisch **height of fashion** [ˌhaɪt əv ˈfæʃn] neueste Mode **beard** [bɪəd] Bart **waistcoat** [ˈweɪstkəʊt] Weste **frock coat** [ˈfrɒk kəʊt] Gehrock **silk scarf** (*pl.* **silk scarves**) [ˌsɪlk ˈskɑːf / ˌsɪlk ˈskɑːvz] Seidenschal

Übung 16: Setzen Sie die Buchstaben in Klammern zu einem Wort zusammen, um die folgenden Sätze zu vervollständigen.

1. People thought ______________ *(daot)* amulets would protect them from the plague.
2. The ______________ *(tocem)* that appeared above London was, to some people, a sign from God.
3. Many different birds have made their ______________ *(stens)* in St Paul's Cathedral.
4. Some ______________ *(weyslar)* have set up business in St Paul's.
5. Mr Samuel Pepys loves visiting the ______________ *(efcoef)* houses.
6. He is a popular man with the ______________ *(dilase)*.

Die Begleiterin von Mr Pepys, die einen Schönheitsfleck auf der rechten Wange trug, schaute die lachenden Männer im Vorbeigehen irritiert an. Ihre raschelnden weiten Röcke streiften den Brotkorb.

Der Anblick eines Pestarztes, der an seinem dunklen Kapuzenumhang und der Vogelmaske mit der langen Nase unschwer zu erkennen war, ließ die beiden schnell wieder ernst werden. Um ihn herum stoben die Menschen auseinander. Der Arzt durchquerte mit raschen Schritten die Kirche. Er verströmte einen leichten Essigduft; Essig, so hieß es, sollte die Ansteckung verhindern.

"That **bookstall** over there sells **obscene prints**, if you like that sort of thing." Jacob deutete auf einen Stand, der etwas außerhalb der Kathedrale lag.
"Well, it isn't exactly something I like", antwortete Johannes wahrheitsgemäß.
"There are so many different sorts of people here – fashionable youths, **courtesans** and porters, porters, porters. It's because of the short-cut, I suppose. But I have to hurry now", verabschiedete sich Jacob. "See you soon. Good luck."
Johannes sah noch eine Weile dem Treiben zu, den Gemüsehändlern, den Männern, die Bierfässer durch die Kathedrale rollten, oder Leuten, die sich einfach nur trafen, um miteinander zu reden. Da trat Agnes Hinch durch den Haupteingang. Sie trug den Umhang, in dem Johannes sie kennengelernt hatte, darunter das Kleid, das ihr so schlecht passte. Er verbarg sich hinter einem Pfeiler und sah sie auf eine Nische zugehen. Ohne zu wissen warum, schlich sich Johannes vorsichtig heran. Agnes Hinch redete auf einen hochgewachsenen Mann ein. Beide flüsterten miteinander, aber er konnte nichts verstehen. Schnell verabschiedeten sich die beiden wieder voneinander, und Agnes Hinch strebte, ohne sich auch nur einmal umzusehen, dem Hauptportal zu. Johannes wollte zu seinem Brotkorb zurückkehren. Ein eisiger Schrecken durchfuhr ihn, als er bemerkte, dass der Korb nicht mehr an seinem Platz stand. Eine Weile lief er noch herum und suchte ihn verzweifelt, musste dann aber zu Mr Dobson zurückkehren und ihm von seinem Missgeschick berichten.

---

bookstall ['bʊkstɔːl] Bücherstand **obscene** [əb'siːn] obszön **print** [prɪnt] Druck **courtesan** ['kɔːtɪzæn] Kurtisane

Er war so mit seinem Unglück beschäftigt, dass er kaum aufmerkte, als ihm kurz vor der Bäckerei Menschen entgegenkamen und riefen: "The street is blocked. The plague has reached the houses in this street, so they had to brick it up!"
"The plague is spreading quickly."
James Dobson sah Johannes sorgenvoll entgegen, als er die Backstube betrat. Er hatte mit seiner Frau gestritten, die ihn bestürmte, die Bäckerei zu schließen und mit der Familie aufs Land zu ziehen.
"Where's the basket?", fragte er, als Johannes kleinlaut vor ihm stand.
"I'm sorry, but I lost it at St Paul's."
"You lost it?" Dobson sah ihn ärgerlich an, fasste sich aber schnell. "That's not so bad. Don't worry. We have some more baskets", sagte er gutmütig.
"You don't understand." Johannes wand sich vor Verlegenheit. "The basket still had all the bread in it."
"All the bread has gone?" Dobson schüttelte betrübt den Kopf. "Usually I would be very **cross** and I would **curse** you. But in these times it doesn't make any difference to me. I don't care."
Er kehrte Johannes den Rücken und stieg langsam die Treppe hinauf in seine Wohnung. Johannes wünschte sich, sein Meister hätte getobt und geschrien, wie es vor ein paar Tagen sicherlich noch der Fall gewesen wäre. Diese mutlose, hoffnungslose Reaktion, mit der Dobson den Verlust der Brote aufnahm, ließ ihn nur noch schuldbewusster zurück.

---

cross [krɒs] verärgert **to curse sb.** [kɜːs] jdn. verfluchen

Six

Schwelende Hitze lag über der Stadt, als die Arlingtons sich von Susanna verabschiedeten.
"Take care of yourself." Mrs Arlington wollte gerade nach Mathilda rufen, als die mit einem Weidenkorb angerannt kam.
"Susan, do me a favour", rief das Mädchen erhitzt. "Take Velvet along with you. The journey will be too long for her. I'm afraid that something terrible might happen to her and I don't want to leave her behind. I hope she **won't miaow**."
Die kleine Katze lag ganz still in ihrem Korb, als wüsste sie, dass es um ihr Leben ging.
"Do you know that no cats may be kept within any part of the city and that the dogs are being killed by the dog catchers?" Mathilda standen die Tränen in den Augen. Überall in der Stadt waren Hunde und Katzen getötet worden, Tausende von ihnen. Sie galten als Überträger der Pest, aber Mr Arlington hatte Susanna versichert, dass er nicht daran glaube.
"This disease must have a different cause", hatte er noch vor wenigen Tagen, tief über sein Mikroskop gebeugt, gesagt.
"Velvet is so **shy**", fuhr Mathilda fort, "and you're the only one apart from my family who she lets touch her. Please do me that favour!"
"I will only be too pleased to help you and Velvet." Susanna beugte sich zu Mathilda hinunter. "Don't worry, I'll look after her."

---

to miaow [ˌmiːˈaʊ] miauen **shy** [ʃaɪ] schüchtern

Übung 17: Welche Begriffe gehören zusammen? Tragen Sie den richtigen Buchstaben ein.

1. a unicorn	☐	**a.**	print
2. a meeting	☐	**b.**	man
3. an obscene	☐	**c.**	glass
4. a clean-shaven	☐	**d.**	horn
5. a magnifying	☐	**e.**	disease
6. a terrible	☐	**f.**	place

Susannas Herz wurde schwer bei diesem Versprechen. Sie wusste, dass schon Häuser durchsucht worden waren und dass es nicht leicht sein würde, die Katze durchzubringen. Mathilda streichelte ihr Kätzchen ein letztes Mal und versuchte Velvet etwas ins Ohr zu flüstern.

"What did you say to her?", wollte ihre Mutter wissen.

"She **granted** me a wish, but I'm not allowed to talk about it", erklärte Mathilda.

"Mathilda, Velvet isn't a **falling star**", sagte ihr Vater.

"Are you sure? Nobody knows where Velvet came from. One day I found her outside the door. Tartlet said that she had appeared from nowhere, and that maybe she had fallen from the sky."

Susanna strich Mathilda zärtlich über den Kopf und das Kind schlang die Arme um sie.

"We'll be back soon", flüsterte das Mädchen, "and you and Velvet too."

"Pass me the basket, will you?" Christopher Worth, der Gehilfe von Mr Arlington, griff nach dem Korb. "I'll go with Susan."

---

to grant sb. sth. [grɑːnt] jdm. etw. gewähren **falling star** [ˌfɑːlɪŋ ˈstɑː] Sternschnuppe

Christopher reiste nicht mit der Familie, sondern blieb im Haus zurück, damit auch die Dienstboten bleiben konnten und nicht auf der Straße landeten.
“All this **juniper** burning is making the temperature rise even more”, sagte Christopher später, als er Susanna durch die Stadt begleitete.
“Sweet-smelling juniper is a good **remedy** for the plague. I need more **ingredients** to make some medicine.” Susanna hatte schon viel über die Zutaten für die Medikamente nachgedacht, die sie gegen die Pest herstellen wollte. Die Samen von Anis, Kümmel und Mohn, vermischt mit Fenchel und Wein, würden eine wirksame Tinktur ergeben. Sie hatte zwar noch keine Pestzeit erlebt, wohl aber ihre Großmutter, und so klein sie auch damals gewesen war, als ihre Mutter mit ihr über die Rezepte gesprochen hatte, sie konnte sich an jedes einzelne erinnern. Und sie wusste, wie wichtig es war, sie herzustellen. Für sich, für Gwen und für Johannes – und für alle, die sie darum baten. Myrrhe, Engelwurz und Hopfen, Anis und Kümmel hatte sie bereits im Haus. Aber sie würde Weihrauch benötigen und Mohnsamen. “Can we try to get the missing herbs, Christopher?”
“It will be difficult, but I will do my best. First of all, I'll take you home and after that I'll try to get the herbs and come back to your house. Tell me everything you need.”
Sie gingen an einer Gruppe Bettler vorbei, Männer und Frauen, die vor Kurzem noch hochherrschaftliche Diener gewesen waren und nun voller Verzweiflung die wenigen Passanten anflehten, ihnen zu helfen. Susanna war froh, den

---

juniper [ˈdʒuːnɪpə] Wacholder **remedy** [ˈremədɪ] Heilmittel
ingredients [ɪnˈgriːdɪənts] Zutaten

Weg nach Haus nicht allein gehen zu müssen. Jetzt, im Juli, waren alle Verordnungen des Bürgermeisters, die im Juni verkündet worden waren, in Kraft getreten, auch die gegen Bettler.

"**Beggars are swarming about** everywhere. I'm sure they are spreading the infection ...", sagte Worth. "But where can they go?", fragte er sich selbst.

In einer Seitenstraße wurden mehrere Wacholderbüsche verbrannt. Erschrocken blieb Susanna stehen und sah einen Wächter, der vor einem Haus stand, das sie kannte.

"Wait a minute!", bat sie Christopher. "There's a watchman standing in front of Bridget's house."

"Who is ill?", rief sie dem Wachmann zu und trat näher.

Christopher folgte ihr, den Weidenkorb mit Velvet am Arm. Als sie an den brennenden Wacholderbüschen vorbeikamen, maunzte das Kätzchen leise.

Der Wachmann sah ihnen listig entgegen. "What's in the wicker basket?", wollte er wissen.

"Fruit and other kinds of food." Christopher nahm den Korb lässig unter den Arm und hoffte, dass die Katze ruhig blieb.

Oben im Haus öffnete sich ein Fenster.

"Susan? Good Lord, it's Susan!" Bridget sah verzweifelt herunter. "My husband has the plague. But he's still alive. I've heard the dead carts the whole night long." Sie weinte jetzt laut. "And the men were shouting *'Bring out your dead! Bring out your dead!'* ... All of my neighbours are sick or already dead. Susan, please help me and my husband!"

Beggars are swarming about. ['begəz ə ˌswɔːmɪŋ ə'baʊt] Es wimmelt von Bettlern.

Nichts war mehr übrig geblieben von der selbstgerechten Bridget. Sie war nur noch ein Schatten ihrer selbst, verzweifelt und in panischer Angst. Schmutzig sah sie aus, die Haare hingen ungekämmt herab, ihre Wangen waren eingefallen und welk.

“We need some food and fresh water. We are trying our best, but we are **at the end of** our **rope**.”

“Give me the basket.” Der Wachmann trat einen Schritt auf Christopher zu. “I'll get it up to you.” Er rief Bridget zu: “They've brought you some food.”

“No, these **supplies** are for my aunt. We'll come back with water and food to help you, Aunt Bridget, I promise!”

“Susan, it's the watchman's task to deliver food to the sick.” Christopher wollte den Mann von dem Korb ablenken und sprach ruhig auf Susanna ein, während der Wächter sie lauernd beobachtete.

“There you are!”, sagte der Wachmann zynisch.

“I'll be back, but now I've got to go now. “Susanna drehte sich abrupt um und entfernte sich von dem Haus. Christopher hatte Mühe, ihr zu folgen.

Als er sie schließlich einholte, sah er, dass sie Tränen in den Augen hatte.

“Don't cry, Susan. Nothing has happened”, wollte er sie hilflos beruhigen.

“That's a stupid thing to say! A lot has happened!”, entgegnete sie aufgebracht.

---

at the end of one's rope [ət ðɪ ˈend əv wʌnz ˈrəʊp] am Ende der eigenen Kräfte **supply** [səˈplaɪ] Lieferung

Übung 18: Setzen Sie die folgenden Modalverben an der richtigen Stelle ein.
(didn't, do, can't, doesn't, has, does)

"The plague **1.** __________________ shaken people up. **2.** __________________ Bridget look miserable when we talked to her? You **3.** __________________ help but feel sorry for her. But nevertheless the cat was of more importance to me. **4.** __________________ you see what I mean?"

"Yes, I see. The watchman **5.** __________________ seem **greedy** and **malicious** to me. He **6.** __________________ appear to be honest. He was probably a little man of no importance before the plague broke out."

"Perhaps ... It's so difficult." Susanna lief weiter, ganz in Gedanken versunken. Die betroffenen Familien waren in ihren Häusern gefangen und ganz und gar von den Wächtern abhängig. Die Wächter hatten fast uneingeschränkte Macht über Leben und Tod ... Sie konnten den Menschen, die unter Quarantäne standen, helfen und versuchen, ihnen das Leben zu erleichtern. Aber sie konnten sie auch mitleidlos dahinsiechen lassen, denn sie waren es, die den Kranken Arznei, Nahrung und Wasser zu besorgen hatten. Und sie besaßen den Schlüssel zu dem Haus, das sie bewachten.

---

greedy ['gri:dɪ] gierig **malicious** [mə'lɪʃəs] heimtückisch

"I've got to go back to Bridget **at any rate**. I'll bring her some food, ale and water."
"I'll take care of that", entgegnete Christopher.
"Thank you. That's a **relief**! Thanks for going to buy herbs for me and thanks for looking after Bridget." Susanna stockte. "Why do you want to do all these things?" Susanna kannte Arlingtons Assistenten nur zurückhaltend und in seine Arbeit versunken.
"As you said, the plague has shaken people up." Er lächelte sie an. Als sie wieder an einem brennenden Wachholderbusch vorbeikamen, hob er den Weidenkorb, und ein leises Fauchen von Velvet belohnte ihn dafür.
Vor dem Haus von Bridget aber leistete der Wachmann Owen Hinch zufrieden mit sich seinen Dienst ab.

"Go! We must **board** the stairs **up** immediately."
Johannes kam von seiner allmorgendlichen Tour zurück. Zwei Männer waren dabei, den Treppenaufgang zu den Dobsons zu vernageln, so schnell sie konnten.
"John? Are you back?", hörte er die aufgewühlte Stimme Mr Dobsons von oben herabrufen.
"Yes, I'm back. What's up?" Johannes traute seinen Augen nicht. Gerade bezog ein städtischer Wächter vor der Treppe Stellung.
"It's Betty, my daughter. She has the plague!"
Johannes setzte sich auf den Hackklotz, der neben dem Backofen stand.
"Did you hear me?", kam es wieder von oben. "John, answer me!"

---

at any rate [ət ˌenɪ 'reɪt] unter allen Umständen **relief** [rɪ'liːf] Erleichterung **to board sth. up** [ˌbɔːd / 'ʌp] etw. zunageln

"Yes, I did", antwortete Johannes tonlos. It's no use **moaning**, dachte er sofort darauf, und laut rief er: "Yes, I can hear you. Can I help you somehow?"
"You told me you're a baker through and through. So take over!" Das laute Hämmern der Männer übertönte fast die Stimme Dobsons. "They say it's difficult to keep people alive with less food. The bakery is very important and has to remain open."
"I see."
"Are you ready to work as a master baker?"
"Yes, Mr Dobson, and I'll try my very best."
"You'll have to work day and night, day after day, as long as the plague lasts. Sleep in the bakery. If you've got any questions, don't **hesitate** to ask me. We can talk through the window. And, John, don't forget to get a **certificate** from the examiners of health in our parish. Otherwise they'll shut the bakery down."
Dobsons Stimme klang immer dumpfer und gleich darauf war die Treppe vollkommen vernagelt.
Johannes sah sich in der Backstube um. Zwei Bäckerjungen, um Jahre jünger als er, die wie er Brote ausgetragen hatten, saßen schweigend da.
"Where's Robert, the baker's assistant?"
"He's ill too."
"Which one of you is older?"
"That would be me." Ein etwa fünfzehnjähriger Junge trat vor und schaute zu Johannes auf.
"Your name is Ethan Collins, isn't it?"
"Yes, it is."

---

to moan [məʊn] jammern **to hesitate** ['hezɪteɪt] zögern **certificate** [sə'tɪfɪkət] Bescheinigung

"You're my new assistant, Ethan. I hope you will be pleased with your new position. And now, please go and start chopping the wood", bestimmte Johannes. Darauf wandte er sich an den Jüngeren: "Your name is William Hovell, right?"
"Yes."
"Do you know two boys who want to become baker boys?"
"Yes, I do", sagte William eifrig.
"Fetch them at once, hurry up!" Sofort rannte der Junge aus der Backstube und sprang über die Straße, und keine halbe Stunde später war er mit zwei zerlumpten, abgemagerten Jungen zurück.
"I ran along the river bank as fast as I could and here we are!" William strahlte Johannes an, der zweifelnd auf die Jungen hinuntersah.
"I have no choice, so I'll give you a try. Be here tomorrow morning at 5 o'clock. Wash your hands and your faces before you get down to work. Do you understand?" Die beiden nickten und antworteten im Chor: "Yes, we do."
"Do you want to take some bread with you? For you and your family?"
"Of course!", riefen beide wie aus einem Mund.
"Do you see that bowl over there? It's full of water. Wash your hands."
Strahlend verließen die beiden Jungen mit ihren Broten die Backstube. Der Wachmann, der vor der Treppe seinen Posten bezogen und die Szene missbilligend mitangesehen hatte, meinte übellaunig: "You'll never see them again."
"Time will tell", erwiderte Johannes daraufhin nur, war sich aber selbst nicht ganz sicher, ob die beiden sich jemals wieder blicken lassen würden. Er nahm sich vor, am Abend bei Gwen vorbeizuschauen und ihr zu berichten, was sich an diesem Tag getan hatte.

Übung 19: Bringen Sie die folgenden Ereignisse in die richtige Reihenfolge.

a. ☐ Christopher talks to Susanna.
b. ☐ Johannes chooses Ethan as his new assistant.
c. ☐ Mr Dobson tells Johannes that his daughter Betty has the plague.
d. ☐ The watchman thinks the boys will never return.
e. ☐ Susanna sees that Bridget's house is under quarantine.
f. ☐ Johannes tells his new baker boys to wash their hands.
g. ☐ Mr Dobson tells Johannes to take over the bakery.

"Knock, knock! Agnes is coming!" Es klopfte an Gwens Tür.

Susanna war dabei, Pestpillen aus Myrrhe herzustellen. Theriak hatte sie schon gemischt, denn Christopher hatte sie so schnell wie möglich mit den nötigen Kräutern versorgt. Sie ließ sich nicht gern stören, aber ein Mittel, um Störungen zu verhindern, gab es eben nicht. Sie hatte Gwen noch nicht erzählt, dass Bridget zu den *shut-up families* gehörte; das wollte sie später tun und dann noch einmal, vielleicht zusammen mit Gwen, zu dem Haus ihrer Schwester gehen.

"It's me!" Agnes Hinch gab nicht auf. "Helloohoo! Open the doohoor!"

"Gwen, it's that horrible Agnes. Aren't you going to let her in?" Susanna hielt nicht mehr mit ihrer Meinung über Agnes Hinch hinterm Berg.

Ihre Tante ging zur Tür.

"Come in, Agnes", begrüßte Gwen sie freundlich.

"Gwen, deary! I have got bad news for you." Agnes hatte ihre Augen überall und schien mit einem Blick das gesamte Zimmer zu erfassen, als suche sie etwas. Sie trug wieder den samtenen Umhang und das Kleid, das ihr nicht zu passen schien. Sie hielt sich nicht an das Gebot, als *searcher* ständig die vorgeschriebene Kleidung zu tragen. "My good Owen, the best watchman in the world, is worried about your sister Bridget."

"My sister Bridget? Isn't she well?"

"Her husband has the plague, didn't you know?"

"What? My brother-in-law has the plague! No, I didn't know. It's terrible. I must help her?" Aufgeregt rannte Gwen im Zimmer hin und her und rang die Hände.

"You? Deary me, there's no way to help her."

"Bridget is still alive, isn't she?"

"Yes, of course, she is. But you can't visit her ..." Agnes starrte plötzlich wie gebannt auf Gwens Nacken. "But wait a minute. What's that mark on your neck there? Oh Gwen, this is terrible?"

"Terrible?"

"Yes, there is a **blotch** on your neck. It's a plague mark"

"A plague mark? That's a **birthmark**! Agnes, you ought to know it."

"Nonsense! I know a plague mark when I see one! That settles it – I'm putting this house under quarantine!" Agnes schlug die Hände über den Kopf zusammen. "I am so sorry, deary! The watchmen will have to come. It's my duty to send for them."

Sie riss die Tür auf und rief, so laut sie konnte: "Watchmen! Help! Put them under quarantine! Hurry up! The situation is **desperate**."

"But you will be locked up with us, Agnes." Gwen war

---

blotch [blɒtʃ] Fleck **birthmark** ['bɜːθmɑːk] Muttermal **desperate** ['despərət] hoffnungslos

fassungslos. Susanna stand reglos am Tisch, auf dem die Kräuter ausgebreitet lagen.
Agnes lachte laut auf. "You're mistaken, poor Gwen. I'm a searcher, or had you forgotten?"
"Then you wouldn't have been allowed to come here", flüsterte Gwen.
"I'm allowed to do everything if I have a **suspicion**."
"But you aren't wearing the right clothes for a searcher."
"Aren't I?" Agnes wandte sich zu Susanna um. "Susan, did I just see a cat by your window?"
Susanna antwortete nicht.
"And what are you doing there with the **mortar**?" Agnes griff nach dem Schälchen und roch an den Kräutern.
"I'm making pills and tinctures to **ward off** the plague."
"Give them to me, I'll sell them for you", verlangte Agnes.
"I don't want to sell them. I want to give them to those who need them for protection."
"Oh, I like people who always do good. They are so **naïve**. Your medicine is my medicine now!" Agnes raffte zusammen, was sie nur erreichen konnte. "Be grateful if you get anything at all in return for your potions."

Ein Wachmann stand in der Tür.
"Here's the watchman. Hand me your key, Gwen! Do you want anything more than the sign of a cross on your door? Perhaps a sign with big letters *'Lord have **mercy** upon us'*?"
Ohne eine Antwort abzuwarten, wandte sich Agnes zum Gehen.

---

suspicion [sə'spɪʃn] Verdacht **mortar** ['mɔːtə] Mörser **to ward off sth.** [ˌwɔːd 'ɒf] etw. abwehren **naïve** [nɑː'iːv] naiv **mercy** ['mɜːsɪ] Erbarmen

"I'm a searcher", sagte sie und gab dem Wächter ein Zeichen. "A cross will do. Gwen, give me your key, the watchman needs it. And you ...", sie wandte sich an Susanna, "make a lot more of your medicine. People are in need of it and I'll help them to get it."
Lachend trat sie aus dem Haus.

Stunden später stand Johannes vor dem Haus seiner Tante. "Suspicion of plague! You can't go in", sagte der Wachmann, als Johannes verzweifelt an der Tür rüttelte.
Weinend riss Gwen das Fenster auf. "It was Agnes", rief sie. "Agnes told him that my birthmark was a plague mark."
"Where's Susanna?"
"She's with me."
"Susanna? Please, come to the window. I want to speak to you."
Susanna erschien kreidebleich am Fenster.
"A lie will go round the world while truth **is** still **pulling** its boots **on**", war alles, was sie sagte.

---

to pull sth. on [ˌpʊl / ˈɒn] etw. überziehen

Seven

"Bring out your dead!"
Johannes erwachte mitten in der Nacht vom schleifenden Geräusch der Räder des Leichenkarrens, vom Stampfen der Pferde und den Rufen der Totengräber. Die Geräusche näherten sich der Bäckerei.
"Bring out your dead!"
Nebenan wurde kreischend ein Schlüssel in einem Schloss gedreht. Johannes setzte sich auf. Ethan, der Bäckerjunge, flüsterte erschreckt: "It's the main entrance to Mr Dobson's house."
Der Wächter hatte den Schlüssel; vernagelt worden war nur die Treppe, die die Bäckerei mit dem Haus verband.
"Mr Dobson?" Auch William war erwacht und wollte eine Kerze anzünden.
"Don't do it. We must save the **candles**. The candlemakers aren't working any more." Johannes stand auf und öffnete die Tür, damit Mondlicht hereinfiel.
"My wife and my daughter!" Dobsons Stimme schallte durch die Straße. "My wife is dead! My daughter! My daughter! Betty! Betty died! Let me stay with them", schrie er verzweifelt.
Johannes sah, wie der Totengräber ihm an der Tür eine kleine, in Leintücher gewickelte Gestalt entriss. Auf dem Karren türmten sich die Toten.
Mr Dobson versuchte, aus der Umklammerung des Wächters freizukommen und zu dem Totenkarren zu gelangen.
"It's my wife and my daughter. I don't want to leave them alone."

---

candle ['kændl] Kerze

"I'll go with them", hörte Johannes sich rufen, ohne dass er es gewollt hätte. Es war streng verboten, die Toten zu begleiten. Nur die Totengräber durften bei der Bestattung der Leichen zugegen sein.
"John? Are you there? Go with them, won't you?" Erleichterung klang aus Mr Dobsons Stimme. "Look after them!"
Der Wächter drängte den Bäcker ins Haus und verschloss die Tür.
Die Totengräber zogen weiter, ohne Johannes zu beachten. Sie waren zu erschöpft, um sich um die Einhaltung der Bestimmungen zu kümmern, und nur sehr wenige Menschen kamen freiwillig mit hinaus zum Pestacker – zu groß war die Angst vor Ansteckung.
"Bring out the dead!", rief der eine von ihnen, aber der andere sagte: "Stop shouting! The dead cart is already full of corpses. First we'll have to go and **bury** them."
Langsam ging Johannes hinter dem Karren her. Auch die Pferde schienen erschöpft und zogen ihre grausige Fracht bedächtig durch die Straßen.
"If things go on like last week, we'll soon have to bury them in the daytime too", sagte einer der beiden Männer.
"The nights are too short for burying the dead. We still have got about seven thousand a week", antwortete der andere.
"You can't use the **death knell** to count them any longer. There are far more corpses than bells. They don't **toll** the bells for the poor and the quakers. How many dead have we buried already? Nobody knows the real **figures**."

---

to bury sb. ['berɪ] jdn. begraben **death knell** ['deθ nel] Totenglocke
to toll [təʊl] läuten **figure** ['fɪgə] Zahl

Johannes wusste, dass die Totenglocke fast den ganzen Tag läutete.
"Two of three **workshops** are closed. The wig makers were one of the first to close down."
"Who wants to buy a wig in these times? The hair could come from a **plague victim**."
"Not only the wig makers have closed their shops. The jewellers, the watchmakers, the booksellers and the leather merchants have pulled wooden **shutters** down over their shops. It's hard to buy anything anywhere now."
"Have you seen the latest **bills of mortality**?" Der Totengräber lachte.
"Yes, I've seen them but I don't believe them. The number of the dead isn't right. It's too low."
"It said that about 4,230 have died of the plague, and 166 of **spotted feaver**, 126 of **consumption** and so on. The dead **amount to** a **total** of 5,568. I think the number is twice as high. The numbers aren't right, believe me!"
Johannes dachte an die kleine Betty, die noch vor wenigen Wochen munter in der Backstube herumgehüpft war und von den Rosinen genascht hatte, die für ein besonders feines Brot bestimmt waren.
"What shall we do if we run out of **raisins** just because you ate all of them?", hatte er sie lachend gefragt, und sie

---

workshop ['wɜːkʃɒp] Werkstatt **plague victim** ['pleɪg ˌvɪktɪm] Pestopfer **shutter** ['ʃʌtə] Fensterladen **bill of mortality** [ˌbɪl əv mɔː'tælətɪ] Zahl der Toten **spotted feaver** [ˌspɒtɪd 'fiːvə] Fleckfieber **consumption** [kən'sʌmpʃn] Schwindsucht **to amount to a number** [ə'maʊnt tə ə ˌnʌmbə] sich auf eine Zahl belaufen **total** ['təʊtl] Gesamtsumme **raisin** ['reɪzn] Rosine

antwortete: “Put flies into the **dough** instead.” Vergnügt war sie davongehüpft. In seinem Heimatland galt so etwas als ein schweres Vergehen, das streng bestraft wurde. Er erinnerte sich, dass einem Bäcker, der Fliegen statt Rosinen in sein Brot gebacken hatte, die Hände abgeschlagen worden waren.

Auch in England wurde es sicher geahndet. Aber wen kümmerte so etwas in diesen Zeiten?

“You’re a baker?” Einer der beiden Totengräber wandte sich zu Johannes um, der ein gutes Stück hinter ihnen lief, und fragte, ob die Bäckerei noch genügend Roggen und Weizen habe, um ausreichend Brot zu backen.

“Our supply has nearly been cut off, but there’s still just enough”, antwortete er. Die Versorgung über die Themse klappte noch einigermaßen. Getreide wurde von Mühlen aus Kent geliefert, die die Säcke vor London am Ufer der Themse ablegten.

“This August has been so hot – even before the sun reaches its **zenith**. Up to now it has only rained once this month”, gingen die Totengräber zu einem anderen Thema über. “It seems as if rain and wind have been driven away.”

“No **vane** has moved for days”, stimmte der andere zu. “Even the birds **are panting for breath** and are finding it hard to fly.”

Die Männer schwiegen. Außer ihrem Keuchen und dem Schleifen der Räder war nichts zu hören.

“It’s early in the morning and the streets are empty”, nahm einer der beiden das Gespräch wieder auf. “Put out the

---

dough [dəʊ] Teig **zenith** [ˈzenɪθ] Höchststand **vane** [veɪn] Wetterfahne **to pant for breath** [ˌpænt fə ˈbreθ] nach Luft schnappen

lantern. **Dawn** is coming, but there won't be many people around. The streets will be empty."
"Those who are **forced** go out onto the streets will cross from side to side in order to avoid the others."
In diesem Moment kam in der Dunkelheit ein Mann auf sie zu. Als er den Totenkarren sah, hielt er sich ein Tuch vor die Nase und wechselte die Seite. Sein Weg glich einem Zickzack, er sprang von einer Seite zur anderen, denn überall an den Türen waren rote Kreuze aufgemalt und die Worte *Lord have mercy upon us.*

Übung 20: Vervollständigen Sie die Begriffe aus dem "The Great Plague"-ABC. Die Zahl der Buchstaben des gesuchten Wortes ist vorgegeben.

1. I stands for _ _ _ _ _ _ _ _ _ _ _ _ – special words spoken during a ritual, e.g. "*in hoc signum*"
2. J stands for _ _ _ _ _ _ _ _ – people burnt this to ward off the plague.
3. K stands for death _ _ _ _ _ – a bell rung to announce a death.
4. L stands for Pudding _ _ _ _ – the **location** of the King's bakery.
5. M stands for _ _ _ _ _ amulets – many people thought that these would protect them from the plague.

---

dawn [dɔːn] Morgendämmerung **forced** [fɔːst] gezwungen
location [ləʊˈkeɪʃn] Ort

Ein Gedicht von George Wither, das in London die Runde machte, fiel Johannes ein, und es passte genau in diese Stunde und zu diesem Weg, den er ging.

Before us and behind,
*And **likewise** on each side,*
*We empty **dwellings** find*
Where thousands liv'd and dy'de.
In every street,
*Both night and day, in sad **array**,*
The mourners meet.
He that did rise
*At morning well, **ere noon** his knell*
Tells us he dies.

Sie nahmen nicht den Weg zum Friedhof, sondern schlugen eine andere Richtung ein. Die Häuser lagen hier weiter auseinander, mehr Grünflächen waren zu sehen. Sie hatten einen Außenbezirk erreicht. Aber auch hier lag überall Unrat auf den Straßen und die Gegend wirkte verlassen.
"Where are you going to?", fragte Johannes. "We aren't on the way to the **graveyard**, are we? Aren't you supposed to take the dead there?"
Die Männer sahen sich an und wandten sich zögernd zu Johannes um.
"We've got a lot of dead, right?", meinte der eine.
Der andere fügte hinzu: "Thousands of dead."

---

likewise ['laɪkwaɪz] ebenso **dwelling** ['dwelɪŋ] Wohnung **array** [ə'reɪ] Abfolge **ere** [eə] ehe **noon** [nuːn] Mittag **graveyard** ['greɪvjɑːd] Friedhof

“I know, but where are you going to?”
“Listen, the graveyards around the city are quite unable to **cope with** all the dead.”
“What is going to happen to them?”, fragte Johannes bestürzt.
Einer der Männer berichtete, dass man in der Nähe von Finsbury eine riesge Pestgrube ausgehoben hatte, in der nun Massenbegräbnisse stattfanden.
“Do you remember the graves for single women in the graveyards?”, fragte der eine Totengräber den anderen. Er trieb die Pferde an, die den Karren nun schneller durch die Straßen zogen. ”One can’t believe that a few weeks ago something like that existed.”
Der andere schüttelte stumm den Kopf.
“What’s does that mean? Single women? Why did they get extra space?”, wollte Johannes wissen.
“Single women is another expression for **prostitutes**”, wurde ihm erklärt. “Last week we buried Merry Sally next to a priest.” Die Männer lachten freudlos.
Leere Karren kamen ihnen entgegen. Die Männer, die sie zogen, sahen müde aus; sie trotteten dahin, als spürten sie keine Erschöpfung mehr.
“Did you see them?”, fragte der eine Totengräber. “Now they are not just burying the dead at night. There isn’t enough time to do it.”
“It will take a long time before people come to terms with all these deaths.”
“It all happened much more quickly than we thought and

---

to cope with sth. [ˈkəʊp wɪð] etw. verkraften **prostitute** [ˈprɒstɪtjuːt] Prostituierte

a lot of people **have gone insane**. I heard about somebody who burnt himself to death in his home."

"Yes, and sometimes a door opens suddenly and a **scantily clad** man or woman **dashes out** into the streets, running and crying till they fall down and **collapse**. There's nothing that can ward off the plague."

"Look at our city. What a change! Everything is dirty, the streets are full of **rubbish**."

"People throw it out of their windows. There's nothing you can do to stop it."

Johannes nahm einen stechenden Geruch wahr, der mit jedem Schritt, den er tat, zunahm.

"We'll be reaching the pits soon", sagte der eine Totengräber.

"Yes, I can smell the **stench**."

Aus einem Haus, auf dessen Tür das Pestkreuz prangte, drang eine Kinderstimme:

Ring a ring o'roses,
A ***pocketful*** *of* ***posies****,*
A-tishoo! *A-tishoo!*
We all fall down!

Johannes erschrak. Er hatte das Kinderlied schon einmal gehört, sich aber nichts dabei gedacht. Jetzt kannte er die

---

to go (went, gone) insane [ˌgəʊ ˌwent / ˌgɒn / ɪn'seɪn] wahnsinnig werden **scantily clad** [ˌskæntɪlɪ 'klæd] spärlich bekleidet **to dash out** [ˌdæʃ 'aʊt] plötzlich hinausrennen **to collapse** [kə'læps] zusammenbrechen **rubbish** ['rʌbɪʃ] Müll **stench** [stentʃ] Gestank **pocketful** ['pɒkɪtfʊl] Tasche voll **posy** ['peʊzɪ] Kräutersträußchen **A-tishoo!** [ə'tɪʃuː] Hatschi!

Bedeutung. Der Ring aus Rosen war das erste Zeichen der Pest: Rosenfarbene Flecken zeigten sich auf der Haut. Ein Kräuterstrauß sollte vor der Pest schützen, das Niesen kündigte unweigerlich den Tod an.
"We all fall down!", hörte er das Kind noch einmal singen. Dann fragte es laut und verzweifelt in die Stille hinein: "Mother, why aren't you answering me?"
Es stand kein Wachmann vor der Tür. Die Totengräber riefen den Männern eines entgegenkommenden Leichenkarrens zu, dass sie die Tür zu diesem Haus aufbrechen sollten, anscheinend wären eine Tote und ein kleines Kind darin.
"What will happen to the child?", wollte Johannes wissen.
"If the child is an **orphan**, he will be taken to another family that is also under quarantine. It won't take long to find one." Der Mann lachte bedrückt.

Übung 21: Welches Wort passt nicht in die Aufzählung? Unterstreichen Sie den nicht dazugehörigen Begriff.

1. orphan, child, **widow**, window
2. starling, juniper, crow, pigeon
3. wig, dig, burn, bury
4. salt, flour, raisins, flies
5. dawn, **dusk**, afternoon, dust
6. quarantine, plague, consumption, spotted fever

Ein Albtraum erwartete Johannes, als sie bei der Pestgrube ankamen. Überall brannten Feuer, um den Geruch und die Ansteckungsgefahr zu verringern, obschon die Ärzte sich nicht einig waren, ob sich dadurch die Gefahren wirklich

---

orphan [ɔːfən] Waise **widow** ['wɪdəʊ] Witwe **dusk** [dʌsk] Abenddämmerung

eindämmen ließen. Die Pferde zogen die Karren direkt an die Grube heran und die Männer warfen die Toten hinein, so schnell sie konnten. Sie waren kaum geschützt, trugen einfach nur Tücher vor Mund und Nase. Für einen kärglichen Lohn arbeiteten sie hier Nacht um Nacht, um sich und ihre Familien durchzubringen. Ein Pferd drohte in die Grube abzurutschen und wurde in letzter Sekunde von seinem Kutscher gerettet.
Johannes durfte das Gelände nicht betreten; er stand hinter dem Zaun und musste von ferne zusehen, wie die kleine Gestalt von Betty auf ihre Mutter in die Grube geworfen wurde, und dachte an ihr lebendiges, liebenswertes Wesen und die Tränen liefen ihm die Wangen hinunter. Er wusste aus den Verordnungen, dass die Leichen gut mit Erde bedeckt werden sollten. Er konnte zerbrochene Sargdeckel erkennen. Bis vor Kurzem waren die Pesttoten noch in Särgen beerdigt worden, aber inzwischen waren fast sämtliche Werkstätten der Schreiner und Sargmacher geschlossen. Särge gab es inzwischen nicht mehr, die Toten wurden schnell und hastig in Leintücher gewickelt und begraben.
Fassungslos machte Johannes sich auf den Heimweg.

Gwen stand am Fenster, als Susanna unsicher zu ihr trat. Sie wusste nicht recht, wie sie der Tante ihren Verdacht erklären sollte. Schließlich fragte sie Gwen, ob sie von der Vorschrift wisse, nach der es verboten war, Kleidung oder Bettzeug aus Häusern zu schaffen, die unter Quarantäne standen, und dass Strafen darauf ausgesetzt waren, Gegenstände aus Pesthäusern zu kaufen oder weiterzuverkaufen.
"Yes, of course." Gwen sah sie fragend an.
"And if any person shall buy any bedding or other stuff out of any infected house within two months after the infection

has been there, his house shall be shut up as infected, and so shall continue shut up twenty days at the least", fuhr Susanna unbeirrt fort, ohne auf Gwens fragenden Blick einzugehen. "I'm thinking of Agnes. She can go into the plague victims' houses. Yesterday she arrived here with **pots, pans** and **clothing**. She hid them away upstairs right here in our house."

"She told me all those things belonged to a friend who has gone to the country", erwiderte Gwen. "He is afraid, that his belongings could be stolen while he's away. That's why she brought them here." Gwen wusste nicht, worauf ihre Nichte hinauswollte.

"I don't believe it", entgegnete Susanna. "I think she has stolen all those **goods**! She took them away from the houses of the dead and now she's hiding them here. She's using our attic to **store** stolen property."

Ausgerechnet in diesem Moment trat Agnes ein. Sie klopfte nicht mehr an, sondern ließ sich einfach den Schlüssel von dem Wächter geben, schloss auf und betrat das Haus, als wäre es ihres.

"Good morning, Gwen and Susan", rief sie fröhlich und stellte ihren weißen Peststock in die Ecke. "Are you well?"

"Yes", antwortete Gwen, "but we were just talking about the things you've ..." Sie brach ab, als sie Susannas warnenden Blick bemerkte.

"What were you talking about?", fragte Agnes lauernd.

"We were talking about the things you do each day. You visit the sick and you're in danger of falling ill yourself. It's hard work." Susanna wurde rot und sah zu Boden.

---

pot [pɒt] Topf **pan** [pæn] Pfanne **clothing** [ˈkləʊðɪŋ] Kleidung
goods [gʊdz] Waren **to store sth.** [stɔː] etw. lagern

"It's very nice of you that you're worried about me. It's hard to work indeed, Susan."
Erst jetzt bemerkte Susanna, dass Agnes wieder mehrere Gegenstände unter ihrem Umhang trug.
"I'm going upstairs to find a place to store some important things – things that belong to a friend of mine." Rasch verschwand sie auf der Treppe.
"You shouldn't mention my suspicions", schärfte Susanna Gwen ein.
"I believe you are only imagining things ..." Gwen wollte trotz allem nicht glauben, dass sie belogen und benutzt wurden.
"Think of your birthmark. She knows exactly that it isn't a plague mark."
"Susan, it does looks very similar", versuchte Gwen immer noch Agnes zu verteidigen. Susanna wurde böse.
"She deliberately put us under quarantine", zischte sie. "Now I know why."
"I don't understand you."
"She is using our house to store stolen goods. Don't you see?" Gwen wollte etwas entgegnen, aber Susanna unterbrach sie. "Be quiet! I can hear her coming down", flüsterte sie.
"Do me a favour, Susan", rief Agnes schon von der Treppe aus. "Make me a nice cup of **rose hip tea**. I brought some rose hips along. They are growing everywhere at the moment."
Susanna tat, wie verlangt, und Gwen half ihr dabei.
"Have some yourselves too. It will do you good." Diese freundliche Aufforderung kam Susanna seltsam vor.

---

rose hip tea ['rəʊz hɪp ˌtiː] Hagebuttentee

Was führte Agnes diesmal im Schilde?
"Where is your medicine?", kam es da auch schon von ihr. "Have you made any new tinctures?"

Übung 22: Past Simple oder Present Perfect? Unterstreichen Sie die richtige Zeitform.

1. "*(Have you made/Did you make)* any new tinctures yet?"
2. "When *(have you seen/did you see)* Johannes last?"
3. Agnes *(has already visited/already visited)* a lot of sick people.
4. "*(Have you ever stolen/Did you ever steal)* any clothes from dead plague victims?"
5. Agnes *(has discovered/discovered)* a plague mark on Gwen's neck a while ago.
6. Agnes *(has just asked/just asked)* for a cup of rose hip tea.

Susanna reichte ihr die fertigen Pestmittel. Agnes schaute sie lauernd an.
"Here we are, I've got some more empty **jugs** and bottles. Pour in some tincture, so that the bottles are a quarter full."
Susanna war überrascht. "Why?", fragte sie.
"Don't ask me why. Just do as I tell you. Gwen, go to the window, open it and ask the watchman to fetch a jug of water for you." Eilfertig rannte Gwen zum Fenster, riss es auf und reichte dem Wachmann einen großen Krug. Der murrte, ein kleinerer würde reichen, aber als Agnes ihm bedeutete, es wäre für sie, tat er, was sie wollte. Als der Mann mit dem Wasser zurückkam, schloss Agnes das Fenster, reichte den Krug an Susanna weiter und befahl:

---

jug [dʒʌg] Krug

"Now top up the bottles with water."
"But then the tincture will be **ineffective**", wehrte sich Susanna, "the sick will have to pay a lot of money and the medicine won't help them."
"It's useless in any case. They will die, whether with or without medicine." Agnes begann zu lachen. Wütend stieß Susanna gegen den Krug mit dem Wasser.
"Do as I tell you, or I'll report you to the authorities", zischte Agnes wütend.
"You will report me? What did I do? I could report you! I'm sure you hide clothes and other things belonging to the dead in our house", erwiderte Susanna aufgebracht.
"Yes, deary, right, you said it. In *your* house."
"But who brought all the things here?"
"What's the name of your brother? John?" Agnes lachte böse. "**Isn't** he **roaming** the streets the whole day? It's easy to spread the rumour that he brings the things here."
"Then he would have to **join forces with** the watchmen, just like you!" Noch wollte Susanna nicht aufgeben.
"Deary, it's easy to **replace** the watchman." Unter halb geschlossenen Lidern beobachtete Agnes Susanna, als wäre sie eine Fliege am Rande eines Spinnennetzes. "Do you know a Mr Worth? Christopher Worth?"
"Yes. He's Mr Arlington's assistant."
"That's what you think, Susan, good girl. Haven't you noticed that we are living in the time of the plague?"
"I notice it when I meet people like you", gab Susanna zurück.

---

ineffective [ˌɪnɪˈfektɪv] wirkungslos **to roam** [rəʊm] streunen **to join forces with sb.** [ˌdʒɔɪn ˈfɔːsɪz wɪð] sich mit jdm. zusammentun **to replace sb.** [rɪˈpleɪs] jdn. ersetzen

"Your Mr Worth is a sort of **benefactor**. He cares for the sick – just like me. My husband Owen introduced him to his new work." Sie feixte hämisch und legte ihren Kopf in den Nacken. Susanna wusste nun, warum sie seit längerer Zeit nichts mehr von Christopher gehört hatte, und wartete ab, was als Nächstes kommen würde.

"He wanted to be a watchman. He is doing it for **charity**. It will be really easy for me to replace the watchman."

Jetzt wusste Susanna, worauf Agnes hinauswollte: Sie versuchte, ihren Bruder und Christopher mit hineinzuziehen. Wenn Christopher auch nur für kurze Zeit der Wächter vor Gwens Haus wäre, könnte sie ihn für alles, was in diesem Haus geschah, verantwortlich machen. Und ihr Bruder, der als Bäcker Zutritt zu vielen Häusern der Stadt hatte, stünde im Verdacht, Pestkranke auszuplündern. Es würde aussehen, als machten Christopher und Johannes gemeinsame Sache.

"And now, Susan, stop being silly and do what must be done!"

Mit Tränen des Zorns und der Verzweiflung in den Augen begann Susanna, die Tinkturen zu verwässern.

---

benefactor [ˌbenɪˈfæktə] Wohltäter **charity** [ˈtʃerɪtɪ] Mitleid

Eight

Ende August war das öffentliche Leben in der Stadt fast völlig zum Erliegen gekommen. Noch immer lastete die Hitze auf den Menschen, die Zahl der Toten, die wöchentlich in die Tausende ging, hatte noch nicht abgenommen.

"Many houses are **vacant**. I hope the weather will change soon. The plague is spreading more and more because of the **heat**."

James Dobson, der seine gesamte Familie durch die Pest verloren hatte, konnte die Quarantäne verlassen. Unbeholfen und geschwächt stand er in seiner Backstube.

"Thank you so much for taking over. When my last child died, I couldn't cry anymore. One is tired and **dulled** by this **misery**." Er stützte sich schwer auf den Backtrog und starrte in die Luft.

Johannes nickte nur und wusste nicht, was er antworten sollte. So viel Unglück war über den Bäcker gekommen, dass er kein Wort des Trostes dafür fand. Stattdessen sagte er: "We will soon need a fresh supply of **grain**, otherwise we won't be able to bake." Der Bäcker sah ihn nur teilnahmslos an.

"The weather will be mixed next week", versuchte Johannes noch einmal, Dobson in ein Gespräch zu verwickeln.

"We'll see. Maybe we won't be alive next week. The plague is moving quickly." Der Bäcker ließ Johannes stehen und schlurfte hinaus.

---

vacant ['veɪkənt] leer **heat** [hiːt] Hitze **dulled** [dʌld] abgestumpft
misery ['mɪzərɪ] Elend **grain** [greɪn] Getreide

Übung 23: Setzen Sie die folgenden Wörter an den passenden Stellen ein.
(a little, little, many, much, a few, few)

1. ____________________ people are dying of the plague.
2. There is ____________________ you can do to ward off the plague.
3. You can recognize ____________________ of the symptoms but by then it is too late to help.
4. Burning juniper makes the air smell sweeter but it doesn't do ____________________ to prevent the plague from spreading.
5. ____________________ people owned a microscope at the time of the Great Plague.
6. Did putting plague victims under quarantine help slow down the plague ____________________?

"Bring out your dead!", klang es da wieder von der Straße her. Die Toten wurden jetzt bei Tag und bei Nacht eingesammelt. Die Menschen hatten ihre Kraft verloren und sahen teilnahmslos zu, wie ihre Kinder, Mütter, Väter, Großeltern, Nachbarn und Verwandten abgeholt wurden. Niemand versuchte, den Abtransport zu verhindern oder dem Leichenkarren zu folgen. Kaum jemand lehnte sich noch dagegen auf; es herrschte Abgestumpftheit und ein Sich-Fügen in die Umstände. Johannes dachte an Jacob, den Fischhändler. Er hatte ihn seit Wochen nicht mehr gesehen. Lebte er noch? War er in Quarantäne? Johannes wusste es nicht. Heute würde er wieder versuchen, zu Gwen und Susanna zu gelangen. Mehrmals war er von dem Wächter vor ihrer Tür abgewiesen worden, aber er war froh, beide gesund am Fenster stehen zu sehen.

Am Nachmittag machte er sich auf den Weg, nicht ohne Brot einzupacken und einen Wasserkrug mitzunehmen, obwohl er festgestellt hatte, dass bei Gwen und Susanna kein Wassermangel zu herrschen schien wie in anderen Häusern.

"They are **raiding** the empty houses of the plague victims!" Der Bäckerjunge William war von seiner Tour zurückgekehrt, die immer kürzer wurde, je weiter die Pest fortschritt. Aber auch gefährlicher wurde sie, denn überall lauerten verzweifelte Menschen, die nicht nur von der Pest, sondern auch vom Hungertod bedroht waren.

"There're only a few people left **in authority**. They can't do anything against that", berichtete William weiter. "There aren't enough **guardians** either. I saw a plague victim lying dead on the street. He was only dressed in his **underwear** and looked dreadful." Der Junge schüttelte sich, nackte Angst in seinem Gesicht.

"Ethan, take care of him. Give him some water and bread and make him rest a little. I have to leave because I have to look after my sister and my aunt", wandte Johannes sich an den älteren der beiden Jungen.

"What's the problem?" Dobson, alarmiert von der aufgeregten Stimme Williams, kam in die Backstube zurück.

---

to raid sth. [reɪd] etw. durchsuchen **in authority** [ɪn ɔːˈθɒrətɪ] mit Befehlsgewalt **guardian** [ˈɡɑːdɪən] Wächter **underwear** [ˌʌndəˈweə] Unterwäsche

Johannes berichtete, was William erlebt hatte. Langsam ging der Bäcker durch den Raum, nahm den Krug vom Tisch und gab William Wasser. Beruhigend sprach er auf ihn ein.

"The plague **won't harm** you. You won't be delivering any bread in future. We must look for an older boy. You're too small."

Johannes hatte damit zwar einen Bäckerjungen verloren, aber er war froh, dass Mr Dobson von seinem Kummer abgelenkt war und sich mit William befasste.

"This time tomorrow I'll be working in my bakery again", sagte Dobson. Er wandte sich an den größeren Jungen, der Johannes geholfen hatte.

"Well, Ethan, you can deliver the bread until we find another boy. When this job ends, you can come back at once to be my second assistant."

Ethan passte es ganz und gar nicht, Brot austragen zu müssen, aber er willigte doch ein.

Johannes wusste, dass er gerade zum ersten Gesellen ernannt worden war. "A few weeks ago I was a baker's boy. Yesterday I was the master baker and today I'm the master baker's right-hand man."

"That's life." James Dobson lächelte, um gleich darauf traurig auf die zugenagelte Stiege zu blicken. "We **won't unblock** the staircase yet. It's too early", murmelte er. Dann straffte er sich. "We're now running out of fire wood. Who is going to **chop** some?" William ergriff sofort die Axt und wollte sich an die Arbeit machen, aber Ethan nahm sie ihm ab.

---

to harm sb. [hɑːm] jdm. schaden **to unblock sth.** [ˌʌn'blɒk] etw. freigeben **to chop sth.** [tʃɒp] etw. hacken

"William", Dobson lachte, "take the little **hatchet** and chop some wood to light the fire." Er hatte seine Backstube allem Anschein nach wieder übernommen.
"I want to see my sister and my aunt", verabschiedete sich Johannes, packte einen Korb mit Lebensmitteln und verließ die Backstube.

Die Dämmerung war schon hereingebrochen. Es war später Abend und die Sommerluft stand heiß in den Straßen. "Remember me to your relatives" – mit diesem Gruß hatte Dobson Johannes losgeschickt. Er hatte ihm sogar Eier mitgegeben, die er normalerweise hütete wie einen Augapfel. "Eggs are the rarest things in these terrible times", hatte er, noch bevor er in Quarantäne gehen musste, immer gesagt.
Johannes hatte die Ärmel seines Leinenhemdes hochgekrempelt und trug den Korb im Arm.
Ein Nachbar schloss sich ihm an. Vorsichtig gingen sie von Haus zu Haus, immer auf der Hut, nicht in die Nähe eines gesperrten Gebäudes zu kommen. Ein schwieriges Unterfangen, denn es gab nur noch wenige Häuser, die nicht von der Pest betroffen waren.
"Now the plague has reached Greenwich und Woolwich", informierte ihn der Nachbar. "The number of deaths is increasing **rapidly**. More than 7,000 died in one single week, but I think that the number of burials that week was actually higher. It could be that the number is above 10,000. Who can count them correctly? But the war with the Netherlands is more important to the court than the sick. They are **indifferent** to **paupers**."

---

hatchet ['hætʃɪt] Beil **rapidly** ['ræpɪdlɪ] rasch **indifferent** [ɪn'dɪfrənt] gleichgültig **pauper** ['pɔːpə] Armer

Übung 24: Kennen Sie die Steigerungsform der folgenden Adjektive? Setzen Sie die richtige Form ein.

1. The rich are ________________ *(good)* able to escape from London than the poor.
2. There is ________________ *(little)* fire wood **available** than before.
3. The plague is reaching places that are ________________ *(far)* away than Greenwich.
4. It is getting ________________ *(difficult)* to count the number of victims.
5. The city is getting ________________ *(empty)* every day.
6. The **standards of hygiene** are getting ________________ *(bad)*.

Johannes wollte nichts davon hören und versuchte, den Nachbarn loszuwerden, indem er schneller und schneller ging. Der Mann blieb zurück.
Als Johannes an die Kreuzung kam, die in die Straße führte, in der Gwens Haus stand, sah er von Weitem eine Gestalt, die ihm bekannt vorkam. Agnes Hinch, dachte er. Sie stand in der Tür eines Hauses und sah sich verstohlen um. Johannes verbarg sich in einem Hauseingang; das *Abracadabra* an der Tür beachtete er nicht. Gleich darauf gab Agnes jeman-

---

available [ə'veɪləbl] vorhanden **standard of hygiene** [ˌstændəd əv haɪ'dʒiːn] Hygienestandard

dem in dem Haus ein Zeichen und ein Mann trat aus der Tür. Beide schienen schwere Lasten zu tragen. Sie bogen in Gwens Straße ein und blieben wieder in einem Hauseingang stehen. Der Wächter vor Gwens Haus winkte ihnen verstohlen und sie schlichen weiter. Der Schlüssel wurde im Schloss gedreht und schon öffnete sich die Tür zu Gwens Haus. Agnes und ihr Begleiter verschwanden mit ihrer schweren Last darin.

Johannes schlich näher. Er verbarg sich im Eingang des Nachbarhauses und versuchte, durch das Fenster zu Gwen und Susanna hineinzuspähen. Aber es war nicht zu erkennen, was sich drinnen abspielte.

Agnes und ihr Begleiter hatten kaum die Tür geschlossen, da sprach sie schon auf Susanna ein. "Susan, my dear, it's me, Agnes."

"I thought as much. Who else could it be", antwortete Susanna, die inzwischen gelernt hatte, zynisch zu sein. Die Pest verändert die Menschen, dachte sie zum wiederholten Male, und auch mich hat sie verändert.

"Darling!" Agnes beachtete Susannas kalte Begrüßung nicht. "I've got a new task for you. But first, please take these things upstairs." Der Mann ließ einen Sack zu Boden gleiten. Agnes zog ihren Umhang aus und ließ ein Laken fallen, das mehrere Gegenstände verbarg. Susanna sah aus den Augenwinkeln, wie Velvet hinter einer Truhe verschwand. Als wüsste die Katze, wann ihr Gefahr drohte, verkroch sie sich immer, wenn Agnes und ihr Begleiter das Haus betraten.

"Am I your servant?" Susanna wäre Agnes am liebsten ins Gesicht gesprungen.

"I'll take them upstairs", mischte Gwen sich ein und griff

nach dem Sack. Sie wusste, dass jede Weigerung zwecklos war. Sie waren beide in Agnes' Hand.
"I want you to ask me first before you touch or remove anything that doesn't belong to you." Agnes baute sich drohend vor Gwen auf.
"May I, Agnes?", fragte Gwen unsicher.
"Gwen, stop it!", mischte Susan sich ein und griff nach den Gegenständen, die Agnes und der Fremde angeschleppt hatte. "It's a game that she's playing with us and we shouldn't give her any chance to enjoy it."
Einen Moment lang war Agnes verwirrt, fasste sich aber gleich wieder und fauchte Susan an: "You're clever. But don't think that you can **fool** me."
Susanna griff nach dem Laken und wollte die Dinge, die darunter verborgen waren, nach oben bringen.
"Wait, Susan, first you should offer your visitor a seat." Agnes wies auf ihren Begleiter.
"Our visitor? We didn't invite him in. We aren't allowed to invite anybody in anyway, are we?"
"As a matter of fact you did invite him here." Agnes lachte. "He's the one who provides you with herbs."
Susanna betrachtete den Mann näher, der ihr jetzt mit großer Geste mehrere Stoffbeutel auf den Tisch warf. Er sah sie mit einem schmierigen Grinsen an. Susanna fiel auf, dass er teure Kleidung trug, die an ihm aber ähnlich unpassend wirkte wie die Kleidung, die Agnes trug. Die Stulpenstiefel aus feinem weichem Leder waren mehrmals umgeschlagen und die Strümpfe, aus dünner, sehr feiner Wolle gestrickt, warfen Falten. Die Jacke hing lose an ihm herunter, dafür umspannte ihn das Leinenhemd wie eine zweite Haut und

---

to fool sb. [fu:l] jdn. hereinlegen

drohte fast zu platzen. Auch der Hut wirkte zu klein und saß weit oben auf seinem Kopf, sodass die Feder, die daran befestigt war, hoch in der Luft wippte. Trotz ihres Zorns musste Susanna lachen.
"You're **bold**! Why are you laughing?", wollte Agnes wissen.
"He looks as if he and his clothes don't belong together", konnte Susanna sich nicht zurückhalten zu sagen. Der Mann trat wütend einen Schritt auf sie zu.
"**Calm down**, Fowler. She'll be sorry!"
Susanna kümmerte sich nicht um Agnes' Worte.

Übung 25: Welches Wort passt? Unterstreichen Sie das richtige Adjektiv.
"It's so **1.** *(fresh/**stuffy**)*", sagte sie. "Excuse me, but I can't stand it." Sie öffnete das Fenster.
"She's **2.** *(bold/shy)*", beschwerte sich Fowler ärgerlich. Er grinste Susanna an, dabei zeigte er eine Reihe fauler Zähne.
"And you're **3.** *(pleasant/nasty)* ... really **disgusting**!"
Susanna war so wütend, dass es ihr egal war, was der Fremde von ihr dachte.
"Take the things **4.** *(downstairs/upstairs)*, Gwen", hörte Johannes draußen Agnes' Stimme, und gleich darauf scharf: "Now!" Dann wurde das Fenster wieder geschlossen.
"That's enough, Susan!", herrschte Agnes Susanna an. "Do as I say. There's **5.** *(an/no)* alternative."
"What do you want me to do?" Susanna blieb unerbittlich.
"I can **6.** *(remove/replace)* the guardian. At any time! Do you remember Mr Worth?"

---

bold [bəʊld] frech **Calm down!** [ˌkɑːm ˈdaʊn] Beruhige dich!
stuffy [ˈstʌfɪ] stickig **disgusting** [dɪsˈgʌstɪŋ] ekelhaft

Agnes baute sich vor ihr auf und von einer Minute zur anderen wurde Susanna still. Mit ihren krallenartigen Händen griff Agnes nach den Stoffbeuteln mit den Kräutern und leerte sie auf den Tisch.
"Do you know these herbs?", fragte sie knapp.
"**Rosemary**, **sage, mint**, **cloves** and **angelica**. I don't know this one." Susanna deutete auf eine helle, gelbliche Wurzel. "And what's this in the bottle?" Sie nahm eine Flasche, die Agnes zu den Kräutern gestellt hatte, und roch daran. "It's **vinegar**. Why are you showing me these herbs? Is there anything special about them?"
"Have you ever heard of *Four Thieves Vinegar*?"
Susanna wurde blass. Sie hatte davon gehört, aber noch niemals über die Zusammensetzung dieses Extrakts nachgedacht. Sie wusste, dass der *Vier-Räuber-Essig* Menschen, die in die Häuser Pesttoter einbrachen, vor Ansteckung schützen sollte.
Agnes sah sie triumphierend an und sagte: "Make some for me! And if you don't, it won't matter anyway. You're already an **accomplice**. You're neither better nor worse than we are." Sie ließ das Mädchen einfach stehen und ging hinüber zu Fowler.
Susanna, vor Entsetzen starr, spürte, wie Gwen sie am Ärmel zupfte. Verstohlen flüsterte sie ihrer Nichte zu: "Didn't we learn something?" Susanna sah sie ratlos an.
"We can water it down." Gwen lachte leise in sich hinein.
"Why are you laughing?" Agnes sah misstrauisch zu Susanna und Gwen hinüber.

---

rosemary ['rəʊzmərɪ] Rosmarin **sage** [seɪdʒ] Salbei **mint** [mɪnt] Minze **clove** [kləʊv] Nelke **angelica** [ən'dʒelɪkə] Engelwurz **vinegar** ['vɪnɪgə] Essig **accomplice** [ə'kʌmplɪs] Komplizin

“I am trying to cheer her up.”
Susanna war überrascht. Eine ganz andere Gwen schien ihr plötzlich zur Seite zu stehen.

“Watchman? I want to give this basket to my sister and my aunt.” Johannes hätte gerne mit seiner Schwester gesprochen, aber wenn Agnes Hinch im Haus war, würde daraus nichts werden. Er musste zurück zur Backstube.
“What’s in it?”, fragte der Wächter streng.
“Bread, butter, eggs – everything they need.”
“Give it to me and go home.” Der Wächter riss Johannes den Korb aus der Hand und klopfte an die Tür.
“Agnes? Here is a basket with some food.” Die Tür ging auf und Agnes griff gierig nach dem Korb.
“Eggs! You’ve got eggs”, rief sie begeistert. “You can keep the bread.”
“How merciful. You’re very **generous**”, sagte Susanna kalt. Agnes und Fowler wandten sich zur Tür.
“Make sure that at least five bottles of Four Thieves Vinegar are ready by tomorrow”, sagte Agnes und drohte mit der Faust.

---

generous ['dʒenrəs] großzügig

Nine

Auch im September schlug das Wetter nicht um. Der ersehnte Regen ließ auf sich warten und die Zahl der Pesttoten ging nur langsam zurück.

"I was **robbed**!"

Ethan stürzte in die Backstube. Seine Lippe blutete und sein rechtes Auge war angeschwollen und begann sich schon blau zu färben. "Some men **attacked** me near the King's house and stole the bread."

"Who were they?", fragten alle gleichzeitig.

"A group of **sailors**. They are everywhere in the city! Two of them followed me, knocked me down and left me in a little, dark **alley** near Drury Lane."

"I see." Dobson wusste, was geschehen war. "The sailors were locked in their ships under quarantine when the plague began. They arrived in July or August and they were afraid to land. Now they haven't got any food and are roaming through the city. They can't **sail** away until the authorities allow it." Er dachte einen Moment nach. "Those who left the ship can't go aboard again. The captains are afraid of getting the infection and won't let them get back on board."

Übung 26: Bringen Sie die folgenden Ereignisse in die richtige Reihenfolge.

a. ☐ Agnes made Susanna make Four Thieves Vinegar.

b. ☐ Johannes took a basket of food to his family.

---

to be robbed [biː ˈrɒbd] beraubt werden **to attack sb.** [əˈtæk] jdn. überfallen **sailor** [ˈseɪlə] Seemann **alley** [ˈælɪ] Gasse **to sail** [seɪl] auslaufen

c. ☐ They stole his bread.
d. ☐ Some sailors arrived in London.
e. ☐ Agnes introduced Susanna and Gwen to a man called Fowler.
f. ☐ A gang of sailors attacked Ethan.
g. ☐ They watered down the vinegar.

Ethan, der sein Auge inzwischen mit einem nassen Lappen kühlte, meinte: "They looked desperate." Da fiel ihm etwas ein. Er zog einen Zettel aus seiner Jackentasche. "I've got some bad news, but also some good news. Look at this printed sheet from the *Almanac*. These are the numbers of dead from last week. This little sheet has passed through thousands of hands. Be careful with it." Alle stürzten sich gleichzeitig auf das Papier.
"Six hundred less than the week before last week!", triumphierte Johannes. "The plague **is on the decrease**!"
"Look at this – here in the Tower area it is still **spreading like wildfire**." James Dobson deutete auf die einzelnen Spalten, in denen die verschiedenen Stadtteile aufgeführt waren.
"But it's autumn. It's even a bit colder than it usually is in the middle of October and soon winter will come. The plague will end. Let's hope and pray for an end to all this suffering." Johannes war zuversichtlich, dass sich bald alles ändern würde. Sorgen bereiteten ihm Susanna und Gwen. Beide waren der Pest entkommen und inzwischen aus der Quarantäne entlassen worden. Laut Beschluss des

---

to be on the decrease [biː ˌɒn ðə ˈdiːkriːs] abebben **to spread like wildfire** [ˌspred laɪk ˈwaɪldfaɪə] sich wie ein Lauffeuer verbreiten

Bürgermeisters hatte die Quarantäne vier Wochen zu dauern und musste dann aufgehoben werden, wenn kein weiterer Krankheitsfall vorlag. Aber trotzdem stimmte etwas nicht mit den beiden. Das offene und freundliche Verhältnis zu seiner Schwester und seiner Tante war nicht mehr da. Immer wenn er sie besuchte, hatte er das Gefühl, sie wünschten, dass er bald wieder gehen sollte.
Er nahm sich vor, noch am gleichen Abend bei ihnen vorbeizuschauen.

Susanna stand blass und angespannt vor Agnes Hinch.
"I won't mix any more tinctures for you. And no vinegar either", sagte sie mit fester Stimme und sah in Agnes' unerbittliches Gesicht.
"You refuse?" Agnes lachte laut auf. "You refuse to help me with my little business?", wiederholte sie. "But you have no choice!"
"Do it yourself! Here is my mortar and **pestle**. Why don't you get to work?" Susanna band ihre Arbeitsschürze ab und strich sich über ihren Leinenrock, als wollte sie die vergangenen Wochen abstreifen.
"You're **courageous**, but stupid." Agnes stemmte die Hände in die Hüften.
"You look ridiculous standing there with your arms on your **hips** like that", hörte Susanna sich sagen.
"Maybe I *look* ridiculous, but you *are* ridiculous, my dear girl." Agnes' Gesicht nahm wieder den lauernden Ausdruck an, den Susanna nur zu gut kannte. "You can't just stop working for me!"

---

pestle ['pesl] Stößel **courageous** [kə'reɪdʒəs] mutig **hip** [hɪp] Hüfte

"I can!"
"**It's a** great **pity** ...", ließ Agnes sich da vernehmen.
"It's a pity, yes. It's a pity that I didn't stop a long time ago!"
"I fear you'll have to go to prison."
"Me? To Newgate?" Jetzt lachte Susanna. "You should to be the one in prison!"
"Didn't you know that many people have died **due to** your potions? People say you're a poisoner."
"Who said that?", mischte Gwen sich ein. "They were victims of the plague and not of Susanna's medicine!"
"So, is Susanna's medicine completely useless for the sick then?"
"In some cases my medicine may help to **prevent** the plague, but not in all cases. You know that!"

Übung 27: Welches Präfix gehört zu welchem Verbstamm? Tragen Sie den richtigen Buchstaben ein.

1. pre ☐ **a.** -hibit
2. mis ☐ **b.** -quer
3. con ☐ **c.** -take
4. ex ☐ **d.** -miss
5. dis ☐ **e.** -plain
6. pro ☐ **f.** -vent

"I know you're trying to stop the plague." Agnes ging einen Schritt auf Susanna zu. "But things could turn out very badly for you. Do the authorities care about your **motives**? You're a foreigner, a nobody. I'm a searcher, an **honourable**

---

it's a pity [ˌɪts ə ˈpɪtɪ] es ist schade **due to** [ˈdjuː tə] wegen **to prevent sth.** [prɪˈvent] etw. verhindern **motive** [ˈməʊtɪv] Motiv **honourable** [ˈɒnərəbl] ehrenwert

woman, born in London. Who would they believe? Besides, I know that you water down your tinctures! I can **testify to** it." Sie machte ein paar Schritte durch das Zimmer, dass die frischen Strohschütten, die Gwen am Morgen auf dem Boden verteilt hatte, aufflogen, und hob die Hand wie zu einem Schwur. Dann stürzte sie sich auf Susanna.

"Take your mortar and your pestle and start making medicine at once!"

"This isn't your home, Agnes and you'll never take it away from us!", erwiderte Susanna entschlossen, da klopfte es an der Tür. Agnes öffnete, als wäre sie hier zu Hause.

"John! Nice to see you. Come in. Your sister and your aunt will be pleased that you have come to visit them. You are such a rare visitor." Sie zog Johannes ins Haus und bot ihm einen Platz an.

Ihm war unbehaglich zumute. Wieder schien es keine Möglichkeit zu geben, allein mit Susanna und Gwen zu sprechen. Es half nichts, er musste es in Agnes' Gegenwart versuchen. Ruhig fragte er: "Was ist los? Irgendetwas stimmt hier nicht."

"Ich kann es dir nicht sagen, es wäre gefährlich für dich", konnte Susanna gerade noch antworten, bevor Agnes wie eine Viper dazwischenging.

"Stop speaking this foreign language, Susan. Don't do it. You know what I mean."

"I don't know what you mean, Agnes. Can you explain it to me?" Johannes sah sie fragend an.

"Shortly before you came, I was talking to Susan. She's sad that she isn't an Englishwoman. I comforted her and told her never to speak her strange language again. Soon no

---

to testify to sth. ['testɪfaɪ tə] etw. bezeugen

one will notice she doesn't come from England." Johannes glaubte ihr kein Wort. Gwen rutschte unruhig auf ihrem Stuhl hin und her und griff nach Johannes' Hand, als wollte sie ihm etwas sagen. Aber ein Blick von Susanna brachte sie zum Schweigen.

"And ... John, wait a minute. I recommend that you attend to your own affairs. Am I making myself clear?"

Obwohl Agnes ihn anlächelte, spürte er den drohenden Unterton, der in ihren Worten lag. Johannes hatte genug gehört. Er wandte sich zur Tür und warf seiner Schwester einen aufmunternden Blick zu.

Ein Gedanke schoss ihm durch den Kopf, als er wieder auf der Straße war. Er war froh, dass kein Wächter mehr vor dem Haus stand und man das Kreuz abgewaschen hatte. Aber er musste herausfinden, womit Agnes Hinch seine Schwester und seine Tante erpresste. Denn dass sie die beiden in der Hand hatte, war ihm soeben völlig klar geworden. Entschlosssen versteckte er sich in einem nahe gelegenen Hauseingang.

Nach einer Weile trat Agnes Hinch aus dem Haus. Kurz sah er die Silhouette Susannas, die sich im Rahmen abzeichnete, bevor sie die Tür ins Schloss warf.

Agnes ging, leise vor sich hinsingend, dicht an ihm vorbei, so nah, dass er sie hätte berühren können. Sie summte ein Lied vor sich hin und schien heiter und zufrieden.

Johannes wartete einen Augenblick, dann folgte er ihr vorsichtig. Als sie vor einem kleinen, schäbigen Haus stand, zog sie einen Schlüssel hervor, der an einem Gürtel um ihre Hüften hing, schloss auf und trat ein.

Gleich darauf sah Johannes, dass sie eine Kerze angezündet hatte und das Fenster ein wenig öffnete.

Schwere Schritte näherten sich und Johannes drückte sich

hastig in eine Nische zwischen dem Nachbarhaus und dem von Agnes. Es roch muffig und nach Kohl. Wieder einmal wunderte sich Johannes über die große Stadt, in der er nun schon ein Jahr lang lebte. Nur ein paar Straßen von Gwens Häuschen entfernt wirkte alles heruntergekommen und schäbig. Dann aber schüttelte er diese Gedanken ab und konzentrierte sich ganz und gar auf die Schritte, die vor Agnes Haus hielten.

Ein Klopfen tönte durch die stille Straße.

"Why have you come here?" Agnes' Stimme klang nicht, als würde sie sich über den späten Besuch freuen. "You shouldn't come to my place." Die Tür ging auf und schloss sich wieder, und Johannes konnte nur noch Gemurmel ausmachen, bis er sich aus seiner Nische hervorwagte und sich unter das Fenster stellte.

"Do you remember", sagte die Männerstimme, "the clothes that we took to that little village near London?"

"My **principle** is never to remember anything!"

"Agnes, three-quarters of the inhabitants of that village died."

"My good friend, thousands of people died in London. Even more than in every village in the whole kingdom put together", entgegnete Agnes ungerührt. "Are you having **twinges of conscience**?"

"Twinges of conscience! Nonsense!" Fowler wurde böse. "Are you sure nobody knows that we took those things to the village?"

"Of course. What are you afraid of?", fragte Agnes schnippisch.

---

principle ['prɪnsəpl] Prinzip **twinges of conscience** [ˌtwɪndʒəz əv 'kɒnʃns] Gewissensbisse

"I am not afraid of anything. I just don't want to be arrested."

Übung 28: Übersetzen Sie die folgenden Begriffe aus der Geschichte ins Englische.

1. die große Pest ____________________
2. eine Fremdsprache ____________________
3. ein Einwohner ____________________
4. das Königreich ____________________
5. Kräuteressig ____________________
6. das Treppenhaus ____________________

"Don't worry. Everything is alright. But now we must wait and watch out for an opportunity to sell the clothes and **chattels**."
"Our goods are safe for now. They are all stored away in Gwen's lovely house!" Fowler lachte und Agnes stimmte ein.
"By the way", meinte er dann. "Susan is a very nice girl."
"Indeed, indeed", kicherte Agnes in sich hinein. "I'll fetch you some ale. Wait a minute."
Das Fenster wurde geschlossen und Johannes konnte nichts mehr hören. Die Hände zu Fäusten geballt, lief er zur Bäckerei zurück.

---

chattels ['tʃætlz] Hab und Gut

Ten

"It's so sad that Susan isn't coming back."
Mrs Arlington sah aus dem Fenster und ließ den Blick über die Frühlingsblumen im Garten schweifen. Die Familie war zurückgekehrt, nachdem die Zahlen der Pesttoten sich so weit verringert hatten, dass sie glaubten, der Gefahr entgangen zu sein.
"She seems so changed. She was so restless and nervous when she visited us yesterday to bring back Velvet. What do you think?" Sie wandte sich an Christopher, der nachdenklich neben ihr stand.
"I tried to visit Susan and her aunt several times in winter, but I didn't succeed. She sent me away each time. She was polite, but very reserved. I hardly recognised her."
"Have you seen her aunt too?", wollte Mr Arlington, der am Tisch saß und seinen Tee trank, wissen.
"Yes, it seemed as if she wanted to tell me something important. But Susan wouldn't let me talk to her."
"Do you know her brother? She told us that he's a baker working at Dobson's Bakery."
"I don't know him." Christopher Worth trommelte mit den Fingern auf die Fensterbank. "During the plague I nearly didn't have any time to look after Susan. It was a hard time, but I did my very best as a watchman. I got to know a friend of Gwen's. A horrible person! Sorry, but I can't describe her differently. She was really very **disagreeable**."
"What's her name?", fragte Mr Arlington.
"Agnes Hinch. She promised to get me a post as watchman at Susan's house, but it came to nothing."

---

disagreeable [ˌdɪsəˈgriːəbl] unangenehm

"Is she still alive? Or did she die of the plague? Do you know it?"
"She's alive. I saw her in the city talking to a **market stallholder**."
"Mathilda misses Susan so much. She's been asking for her all day long." Mrs Arlington war ratlos. Niemand verstand, was mit Susan geschehen war. Alle hatten sich auf sie gefreut und nun wollte sie nicht zurückkehren.
"I'll try to visit her again", sagte Christopher schließlich.

Am Abend machte Christopher Worth sich auf den Weg zu Gwen und Susan. Als er in die kleine Straße einbog, in der sie lebten, sah er einen jungen Mann vor dem Haus stehen und hörte ihn rufen: "Susan, open the door. It's me, John." Die Tür wurde einen Spalt breit geöffnet und Susannas blasses Gesicht erschien im Türrahmen. Was die beiden miteinander redeten, konnte Worth nicht hören, aber die Tür schloss sich wieder, noch bevor Johannes seinen letzten Satz zu Ende gesprochen hatte. Er stand noch einen Moment da, drehte sich dann aber um und kam direkt auf Christopher zu.
"You're John. You're Susan's brother, aren't you?", sprach Worth Johannes an. "I heard your name after you knocked on Susan's door."
"That's right, I'm John Frahm, and who are you?"
"I'm Christopher Worth, Mr Arlington's assistant. Susan worked with us before the plague broke out. May I come along with you? I want to talk to you." Gemeinsam gingen sie durch die Straßen. Sie waren sich auf Anhieb sympathisch.

---

market stallholder [ˈmɑːkɪt ˌstɔːlhəʊldə] Marktstandbesitzer

"Sorry, but I have to inquire into your **family affairs**. Do you know what's happened to your sister?", fragte Christopher, und ohne Umschweife begann Johannes ihm zu erzählen, was er inzwischen in Erfahrung gebracht hatte.
"Some weeks ago", beendete er seinen Bericht, "I followed Agnes Hinch to her home and I **eavesdropped on** her when she was speaking to a friend. I heard that he had taken clothes belonging to the plague victims to a village near London and had sold them there."
"That's strictly forbidden!", warf Christopher ein.
"I think she does whatever she wants to do. Meanwhile several **inhabitants** of this village have died of the plague."
"Maybe she is working together with some of the watchmen and **constables**?"
"I'm sure that she is good friends with two or three watchmen, but I don't know about constables." Plötzlich unterbrach sich Johannes.
"Look! Thomas Farrington, the King's baker, has opened his bakery again! They all have come back." Er drückte sich die Nase an der Auslage platt und nahm sich vor, Mr Dobson zu fragen, ob er nicht einmal etwas anderes als Brot und Brötchen backen könnte.
"John, did you see the King returning?", wollte Christopher wissen, denn die Törtchen und Kuchen interessierten ihn wenig. Johannes dagegen konnte sich kaum sattsehen daran, wandte sich aber doch wieder Christopher zu. "Yes, I did." Johannes musste lachte, als er sich an den Tag

---

family affair [ˌfæmlɪ əˈfeə] Familienangelegenheit **to eavesdrop on sb.** [ˈiːvzdrɒp ɒn] jdn. belauschen **inhabitant** [ɪnˈhæbɪtənt] Einwohner **constable** [ˈkʌnstəbl] Wachtmeister

erinnerte, der nun etwa vier Wochen zurücklag. "Someone called out *'The King is returning!'* and we all ran out onto the streets. I had my **baker's apron** on and my hands were full of dough. Ethan was beside himself with joy and **flung** some bread into the air. But Mr Dobson was worst of all. He was laughing and crying at the same time. He was dancing in the streets shouting *'Long live the King!'* But suddenly he turned round, went home and got drunk. He locked himself up in his house for three days. He shouted and **raged** when anybody came near his door. Only William, the youngest of the baker's boys, was allowed to bring him ale. William is the son of a servant who was dismissed from service. The plague ended up killing his parents." Johannes schwieg für einen Moment, fuhr dann aber fort: "It was **delightful** to see the city full of people again. It seemed as if the return of the King was a sign that the plague had ended. You see, most of our streets are narrow. Some **lanes** are even narrower than most because of our practice of building upper storeys which **project** over the alley. London has only very few wide streets. But the King appeared riding down a wide street and all his coaches, dozens of them, passed by. The crowd **cheered** and **waved at** him. It was like a holiday. Nobody seemed to be doing any work. The plague **had been conquered**. But there are still some houses locked up with red crosses painted across their doors. It isn't over yet."

---

baker's apron ['beɪkəz ˌeɪprən] Bäckerschürze **to fling (flung, flung) sth.** [flɪŋ / flʌŋ / flʌŋ] etw. werfen **to rage** [reɪdʒ] toben **delightful** [dɪ'laɪtfl] herrlich **lane** [leɪn] Gasse **to project** [prə'dʒekt] ragen **to cheer at sb.** ['tʃɪər ət] jdm. zujubeln **to wave at sb.** ['weɪv ət] jdm. zuwinken **to conquer sth.** ['kɒŋkə] etw. bezwingen

Übung 29: Stimmen die folgenden Aussagen? Kreuzen Sie die zutreffenden Sätze an.

1. ☐ Susanna has become very reserved.
2. ☐ Johannes saw Christopher Worth talking to a market woman.
3. ☐ Johannes eavesdropped on Agnes.
4. ☐ Christopher is suspicious of John.
5. ☐ Thomas Farrington's bakery is in Drury Lane.
6. ☐ The King has returned to London.

"What was the matter with Mr Dobson? Why did he get drunk?"
"He lost his whole family, his wife and his three children. They all died from the plague. He's the only one who survived. After three days he came back as if nothing had happened. He's an excellent baker and a good master."
Christopher sah ihn nachdenklich an. "We lived through terrible times during the plague months. Let's hope that they have gone forever. When I was working as a watchman I saw a lot of human misery. If we could only find out the cause of the plague. The number of plague dead always goes up and down. It is never **constant**."
"But let's go back to our main topic – Susan and Gwen! I'm worried about them", sagte Johannes, als sie bei der Bäckerei ankamen.
"Can we meet soon?", schlug Christopher vor. "We have to talk to both of them. I think it's time to do something."
"**What's up?**", wollte Dobson wissen, der die beiden gehört hatte und nun aus der Tür trat. "What's the matter with Susan? When did you see her last?"

---

constant ['kɒnstənt] konstant **What's up?** [ˌwɒts 'ʌp] Was gibt's?

Johannes kam eine Idee. “Do you know the ***Frog and Toad***?”, fragte er Dobson.
“Of course, the *Frog and Toad* is only a few minutes away. What do you want to do?”
“Wait a minute, Mr Dobson.” Johannes sah Christopher fragend an. “Can we meet there this evening?”
“Yes, I’ll be there at six o’clock.”
“I look forward to seeing you at the *Frog and Toad*.”
“Would you want an old fellow like me along?”, fragte Dobson. Johannes schaute Christopher an. Der nickte.
“That would be fine. We have to talk about the connection between Susanna and Agnes Hinch”, erklärte Johannes.
“Agnes Hinch?” Dobson schrie den Namen laut heraus. “You should have said that before! I can tell you half a dozen stories about her and all of them are true.”
Aber erst einmal machten sich die beiden Bäcker wieder an die Arbeit.

Es war ein milder Abend. “You can call me James”, sagte Dobson zu Johannes, als sie unterwegs zum Wirtshaus waren. “It’s excellent that the shops, **inns** and theatres have opened again. There is much more life in the whole city now.”
“Some weeks ago the streets were dirty and full of waste. But now all that has changed”, erwiderte Johannes.
Sie waren an dem Wirtshaus angekommen und traten ein. In dem großen, etwas verwinkelten Raum standen Holztische, von denen schon einige besetzt waren. In der hintersten Ecke saß Christopher mit einem Becher Bier vor

---

Frog and Toad ['frɒg ən 'təʊd] *hier:* Gasthaus zum Frosch und zur Kröte **inn** [ɪn] Wirtshaus

sich und wartete. Der Schankraum sah einfach, aber sauber aus. Die Wände waren nicht mit Stoff bespannt, wie in den besseren Wirtshäusern, man sah das rohe Mauerwerk, teilweise von Kerzenwachs bedeckt, das von den Leuchtern tropfte. James wusste, dass das Bier hier schmeckte und dass man nicht betrogen wurde. Sie bahnten sich einen Weg zu Christopher, begrüßten ihn und setzten sich. Schnell begann sich das Wirtshaus zu füllen – das *Frog and Toad* schien ein beliebter Treffpunkt zu sein. Von ihrem Platz aus hatten sie einen guten Überblick über den Schankraum.

"James!", rief ein Mann hinter dem Tresen. "Good to see you. Now I know that everything will be alright. Ale, bread, cheese and onions as usual?"

"Of course, and the same for my assistant, please. What about you, Christopher? Don't you want some bread and cheese?"

"I was waiting for you", antwortete dieser und trank einen großen Schluck von seinem Bier.

"You don't mind waiting a long time for dinner but not for a drink, eh? The ale tastes good, doesn't it?" Aufgeräumt und guter Dinge nahmen James und Johannes ihr Bier entgegen. Während sie auf Brot und Käse warteten, begann James zu erzählen.

"John, let me know all about Gwen and Susan. I can tell you something about Agnes. I don't want to seem full of **despair** but ... have you ever heard of Moll Cutpurse?"

"The **thief** and **fence**?", fragte Christopher.

"I don't know who she is", meldete sich Johannes zu Wort, der nicht wusste, worauf James hinauswollte.

---

despair [dɪ'speə] Verzweiflung **thief** [θiːf] Diebin **fence** [fens] Hehlerin

"What's a *fence*? What does it mean?"
"A fence is a criminal who knowingly buys stolen goods and sells them to innocent people for a lot of money."
"Moll Cutpurse and Agnes Hinch are both **greedy**. Honesty certainly isn't one of their virtues and I think innocence is a foreign word to both of them. But I still see a difference between them", sagte Christopher.
"What's the difference?"
"Agnes doesn't buy the goods. She stole them from the plague victims."
"**Hush**, I don't want the others to hear us talking." Christopher sah sich unruhig in dem Wirtshaus um.
"I think Moll Cutpurse was a **role model** for Agnes Hinch. And **greed** will be Agnes' **downfall** too."

Übung 30: Bilden Sie das Adjektiv zum jeweiligen Substantiv oder das Substantiv zum Adjektiv.

1. greed	________________
2. ________________	honest
3. despair	________________
4. ________________	successful
5. innocence	________________
6. ________________	dangerous

"**Look out!**" Johannes packte Christopher am Ärmel.

---

greedy ['griːdɪ] habgierig **Hush!** [hʌʃ] Still! **role model** ['rəʊl ˌmɒdl] Vorbild **greed** [griːd] Habgier **downfall** ['daʊnfɔːl] Untergang **Look out!** [ˌlʊk 'aʊt] Vorsicht!

"There's Agnes und her friend!"
"Everything is alright!", gab James Entwarnung. "They are going into the back room. The man's name is Fowler. He used to be an **inmate** in Newgate. He is well-known everywhere in London. He is a villain. We have to do something about the two of them."
"Let's visit Gwen and Susan", schlug Christopher vor. "Agnes is here and Fowler too, so we can talk to them without being interrupted."
Sie zahlten und machten sich sofort auf den Weg. Es war schon spät und die Straßen wirkten leergefegt.
"Can you see those two men?", flüsterte Christopher, als sie das Haus fast erreicht hatten. "Stay here!" Er wies auf zwei Männer, die ein Stück vor ihnen herliefen und genau auf Gwens Haus zuhielten. Sie schoben eine Handkarre vor sich her, die allem Anschein nach sehr schwer war.
"I fear the worst", flüsterte Johannes tonlos, als die beiden vor dem Haus anhielten und leise klopften. Die Tür wurde geöffnet und schnell und lautlos luden die Männer ihre Last in Gwens Haus ab.
"It's useless to visit them now. We have to **come up with** another **idea**", sagte James leise. "If we visit them now, we'll be **endangering** their lives."

---

inmate ['ɪnmeɪt] Häftling **to come (came, come) up with an idea** [ˌkʌm / ˌkeɪm / ˌkʌm 'ʌp wɪð ən aɪ'dɪə] sich etw. einfallen lassen **to endanger sth.** [ɪn'deɪndʒə] etw. in Gefahr bringen

Eleven

Es war wärmer geworden und der Sommer schien nicht mehr weit. Der Frühlingsregen am Tag zuvor hatte alles zum Blühen und Sprießen gebracht.

Während der zurückliegenden beiden Tage hatte es keine Gelegenheit gegeben, mit Gwen und Susanna zu sprechen, ja nicht einmal eine Möglichkeit, sie allein zu sehen. Es war, als würde das Haus beobachtet. Kaum war Johannes an der Tür, tauchte auch schon Agnes auf.

Missmutig stand Johannes jetzt am Ofen und prüfte, ob die Brote fertig waren.

"Again and again!" Paul, der neue Bäckerjunge, stürzte in die Backstube, in der Ethan, Johannes und James arbeiteten.

"What do you mean when you say 'again and again'?" Johannes zog schweißtriefend mit dem Schieber die Laibe aus dem Backofen.

"There are dead rats everywhere."

"That is quite normal. Rats die in the street from time to time. Haven't you got anything more interesting to tell us?"

"Many people have died of the **bubonic plague** in the last few days. The plague is raging in Greenwich and the inhabitants are moving to London to escape." Paul hatte auf seiner morgendlichen Tour einiges aufgeschnappt.

"Summer is already quite far **advanced**." Johannes wischte sich den Schweiß von der Stirn. "We must wait for autumn and hope that the summer won't be as hot as last year. In

---

bubonic plague [bjuːˌbɒnɪk ˈpleɪg] Beulenpest **advanced** [ədˈvɑːnst] fortgeschritten

autumn it will be cooler and the plague will eventually disappear."

"I saw a **telescope** last week", meldete sich Ethan ohne erkennbaren Zusammenhang zu Wort. "Someone brought it to a house near the Tower Bridge. If you look through it, the moon looks very near and a lot bigger than it does normally."

Übung 31: Vervollständigen Sie die Begriffe aus dem "The Great Plague"-ABC. Die Zahl der Buchstaben des gesuchten Wortes ist vorgegeben.

1. N stands for _ _ _ _ _ _ – this is the son of your sister or brother.
2. O stands for _ _ _ _ _ _ silver forks – something that Gwen wanted to have.
3. P stands for _ _ _ _ _ _ _ _ _ – a typical breakfast meal.
4. Q stands _ _ _ _ _ _ _ _ _ _ _ – this is a way to stop the plague from spreading faster.
5. R stands for _ _ _ _ _ _ _ – **a crime** that Agnes **commits.**

Johannes wischte sich den Schweiß von der Stirn. Müde trat er vor die Tür und sah eine junge Frau eilig die Straße herab auf ihn zurennen.

"John!" Sie winkte von Weitem und Johannes erkannte seine Schwester. Er hatte sie so lange nicht mehr auf der

---

telescope ['telɪskəʊp] Fernrohr **to commit a crime** [kəˌmɪt ə 'kraɪm] ein Verbrechen begehen

Straße gesehen, dass er kaum glauben konnte, dass sie es wirklich war.

"John!", rief sie wieder. "Agnes Hinch has got the plague! She's **fatally ill**." Atemlos stand sie vor ihm. "Believe me, actually I should be sorry for her, but I feel **relieved**. I can't feel anything but relief." Sie fiel ihrem Bruder um den Hals und begann zu weinen.

James kam aus der Backstube und zog die beiden ins Haus. "You're Susan, John's sister, aren't you? Come in! I'm very pleased to meet you."

"The pleasure is all mine", begrüßte sie Dobson hastig. "Agnes is seriously ill", fuhr sie dann an ihren Bruder gewandt fort. "The day before yesterday she came here complaining of a headache and pains in her **joints**. She seemed to be **feverish**", berichtete Susanna. "Yesterday we were surprised she didn't **turn up**. Usually she comes every day. Fowler, a friend of hers, told us today that she had the plague."

"Sit down and tell me everything."

Und Susanna begann zu erzählen – alles, was in den letzten Monaten vorgefallen war, von Gwens silbernen Gabeln über das Verwässern der Tinkturen bis hin zu Kleidern und Hausrat von Pesttoten in ihrem Haus.

"Gwen is at home and I'm afraid that Agnes' friends will be back soon. What can we do?", endete sie mit ihrem Bericht. Johannes dachte einen Moment nach, bis ihm eine Idee kam. "Do you think that the Arlingtons can offer you a place to live?" Johannes war überzeugt, dass seine

---

fatally ill [ˌfeɪtəlɪ ˈɪl] todkrank **relieved** [rɪˈliːvd] erleichtert **joint** [dʒɔɪnt] Gelenk **feverish** [ˈfiːvərɪʃ] fiebrig **to turn up** [ˌtɜːn ˈʌp] auftauchen

Schwester und seine Tante vor allem anderen aus ihrem Haus müssten, damit die Sache ein Ende fand.
"I'll fetch Gwen and take her to the bakery", entschied James. "John, you go to the Arlingtons and ask for a place for Susan and Gwen to live in. William?", rief er dann. "Prepare a meal of bread and cheese for Susan and give her some ale too."
"Yes, I'll do that", kam die prompte Antwort des Jungen. James stand auf. "I'll leave at once. There's no time to waste." Und schon war er unterwegs.

"Gwen Frahm? I'm James Dobson, the baker John is working for. Open the door please. Susan sent me." Dobson klopfte an ein Fenster. Gwen riss die Tür auf. "Mr Dobson! I was so afraid that Susan wouldn't come back. Where is she?"
Dobson trat ein und schloss rasch die Tür.
"Everything is alright with her. She's at my house, eating bread and cheese and drinking ale", beruhigte er sie. "**Bundle** a few things **up** and come along, Gwen. Susan told us what happened to you."
Gwen ließ sich auf einen Stuhl sinken und schlug die Hände vors Gesicht. "I'**m** so **ashamed**", flüsterte sie. "Ashamed of what I've done ..."
Dobson trat zu ihr und legte ihr eine Hand auf die Schulter. "Please come with me", wiederholte er. "Get some clothes and bring your valuables along."
Gwen erhob sich, nahm einen Korb und sah sich verwirrt um. "Clothes, right. And some for Susan as well."

---

to bundle sth. up [ˌbʌndl / ˈʌp] etw. zusammenschnüren **to be ashamed** [biː əˈʃeɪmd] sich schämen

"Take your clothes and follow me as fast as you can."
Sie traten aus dem Haus. James Dobson blickte sich vorsichtig um, aber es war niemand zu sehen. Gwen schloss das Haus ab und flüsterte ihm zu: "They have a key of their own, so they can get in at any time."
Dobson nahm Korb und Bündel und hakte sie unter. Erst nach einer Weile besann Gwen sich und fragte: "Where are you taking me?"
"Let's go to the bakery first and from there you'll probably move in with the Arlingtons. John is with them now trying to arrange things."
"Oh, the Arlingtons!" Gwen wirkte niedergeschlagen. "It's all my fault ... Agnes helped me to get silver forks." Sie zögerte einen kurzen Augenblick. "And ... I know it was a great mistake, but we helped her to prepare some medicine." Sie schwieg. Plötzlich blieb sie stehen und sah James Dobson hilflos an. "My forks ... I forgot my silver forks."
"I see", antwortete James. "But I fear we cannot risk going back."
"The Arlingtons are a very distinguished family", fuhr Gwen niedergeschlagen fort. "I'm sure they eat with forks. And I'd like to know whether they have pineapples and bananas for dinner?"
"What a question", lachte James Dobson. "You might learn the answer to that question this evening." Gut gelaunt lief er neben Gwen her, bis sie die Bäckerei erreichten.
"John?", rief er, als sie endlich in der Backstube standen. "Is John back?"
Susanna schloss ihre Tante in die Arme. "We're safe", flüsterte sie. "Thanks to John and Mr Dobson we're safe!"
Da betrat Johannes die Backstube. Gwen löste sich aus

Susannas Umarmung und lief zur Tür. “Do you **forgive** me?”, fragte sie unter Tränen. “Do you forgive me for **behaving** in such a silly way?”
Johannes strahlte. “Everything will be fine. You can stay with the Arlingtons”, sagte er nur.
“Have you asked them about pineapples and bananas?”, fragte James mit erhobenem Zeigefinger. “Your aunt wants to know whether they have them for dinner.”
“*What*?”, Johannes sah ihn verständnislos an.
James winkte ab. Immer noch lachend sagte er: “Your aunt is a bit **eccentric**, but really nice.”
Johannes musste lächeln, wurde aber gleich wieder ernst. “Christopher will be here soon to take both of them to the Arlingtons”, berichtete er. “Then he’ll return here immediately. In the meantime I’ll go to the authorities and tell them our story. Maybe they can try to catch Agnes’ gang **in the act**.”
“I know an alderman”, meinte James. “Let me talk to him. It’s the best way to avoid **misunderstandings**. But first we have to take Gwen somewhere safe. Otherwise she**’ll confuse** all of us.” Er lachte. “I swear, one day I’ll bring her pineapples and bananas so that she can eat them with her silver fork.”

“Send for a priest.” In einem nur von einem Kerzenstummel erleuchteten Zimmer, lag Agnes Hinch und stöhnte vor

---

to forgive (forgave, forgiven) sb. [fə'gɪv / fə'geɪv / fə'gɪvən] jdm. vergeben **to behave** [bɪ'heɪv] sich benehmen **eccentric** [ɪk'sentrɪk] exzentrisch **in the act** [ˌɪn ðɪ 'ækt] auf frischer Tat **misunderstanding** [ˌmɪsʌndə'stændɪŋ] Missverständnis **to confuse sb.** [kən'fjuːz] jdn. verwirren

Schmerzen und Angst. Das Bett neben ihr war leer, ihr Mann Owen war zwei Tage zuvor gestorben. Vor ihrem Haus hatte ein Wachtmeister Stellung bezogen, der darauf achtete, dass niemand hinein und heraus kam, ohne dass er von ihm kontrolliert wurde.
"I want to **confess.**" Agnes' Stimme war kaum noch hörbar. Eine Pflegerin riss das Fenster auf und rief dem Wachtmeister zu: "Agnes wants to see a priest."
"Soon she'll see the devil himself", kam es von der Straße zurück.
Agnes Hinch war am Ende. An ihrem Hals hatten sich dicke, dunkle Beulen gebildet. Das Atmen fiel ihr schwer. Aber sie gab nicht auf. In ihr hatte sich ein Gedanke festgesetzt, dass sie es doch noch schaffen könnte ... Ein Richter war auf dem Weg zu ihr, ein Pfarrer sollte kommen, damit sie alles beichten konnte, was sie getan hatte. So hoffte sie, dass Gott ein Einsehen mit ihr haben würde und sie am Leben ließ.

"Susan! Susan!" Freudestrahlend lief Mathilda ihnen entgegen, als Gwen und Susanna, von Christopher begleitet, durch den Park auf das Haus zukamen. "I'm so glad that you've come back!" Sie flog Susanna um den Hals. "I knew that you would come back!"
Mr und Mrs Arlington begrüßten sie wie alte Freunde. Zum ersten Mal seit Langem hatte Susanna das Gefühl, in Sicherheit zu sein.
"What's this?", fragte Gwen Mathilda und deutete auf ein Fernrohr, das auf der Veranda stand.

---

to confess [kən'fes] beichten

Übung 32: Welche Definition trifft zu? Tragen Sie den richtigen Buchstaben ein.

1. a telescope	☐ **a.**	a disease that has killed millions of people
2. a microscope	☐ **b.**	someone who buys stolen goods
3. the plague	☐ **c.**	someone who robs people on the street
4. a tincture	☐ **d.**	an instrument with which to look at planets and stars
5. a fence	☐ **e.**	an instrument with which to look at very small things
6. a pickpocket	☐ **f.**	a natural remedy

"It's a telescope. It's a new instrument to **observe** the moon, the stars or ...", Mathilda lief auf die Veranda und richtete das Fernrohr auf den Garten, "meat-eating animals!"
"Let me see." Gwen trat zu ihr und beugte sich zu dem Fernrohr hinunter. "Good gracious! Shut all your windows and doors. Is that some sort of dangerous beast there in your garden?"
"Never fear", sagte Mathilda und nahm Gwen an der Hand. "It's just Velvet magnified greatly." Sie deutete auf einen Baum, unter dem Velvet saß und mit halb geschlossenen Augen döste.
"Come in now." Mrs Arlington fasste Gwen am Arm. "You must be hungry. Let's have dinner."

"We need to **hide**", flüsterte James, als er, Johannes, Christopher und der Wachtmeister, der sie als Vertreter der

---

to observe sth. [əbˈzɜːv] etw. beobachten **to hide (hid, hidden)** [haɪd / hɪd / ˈhɪdn] sich verstecken

Gerichtsbarkeit begleitete, in Gwens Haus angekommen waren.

"It will be best to go upstairs. They have hidden most of their stolen goods there."

"Two of us will go up, and two will stay downstairs", bestimmte der Wachtmeister. "Be quiet. They mustn't hear anything."

"What a **mess**!", entfuhr es Johannes, als Christopher und er das obere Stockwerk erreicht hatten. Kleiderberge lagen in den Ecken, abgetragene Lumpen neben den edelsten Stücken. Sie musste achtgeben, nicht über Ledergürtel und Schnallen zu stolpern.

"Chairs, shelves, pots, pans, cuboards and ... I don't believe it ... a big **bird cage** filled with shoes."

"And look here in the **drawer** – silver rings and other jewels. See how they shine in the **twilight**." Johannes hielt eine Brosche in den Händen. Vorsichtig tasteten sie sich durch den Raum.

"Don't light any candles", rief der Wachtmeister leise von der Treppe her nach oben. "Quick! Hide away! Hide, we don't know when they will arrive."

"It was simple to find these things, but it's **revolting** to **crawl** under them." Christopher schüttelte sich bei dem Gedanken, sich mit den Kleidern zu bedecken und ruhig abwartend darunter zu liegen – nicht nur wegen der Ansteckungsgefahr, sondern auch, weil sie teilweise vor Schmutz starrten.

"Here are some new sheets of linen. Take one to cover yourself up with." Johannes hatte einen Stapel frischer

---

mess [mes] Unordnung **bird cage** ['bɜːd keɪdʒ] Vogelkäfig **drawer** [drɔː] Schublade **twilight** ['twaɪlaɪt] Dämmerlicht **revolting** [rɪ'vəʊltɪŋ] ekelhaft **to crawl** [krɔːl] kriechen

Laken entdeckt und reichte eines davon Christopher. Dabei stieß er an einen Holzkasten, der sehr breit und hoch und, soweit man das in der Dämmerung ausmachen konnte, reich mit Intarsien verziert war. Er hob den Deckel an. Kleidungsstücke fielen herunter. Er stieß an eine Taste und ein lauter Klang schallte durch das Haus.
"Hush!", kam es sofort von unten.
"Let me see." Christopher war neben Johannes aufgetaucht. Aufgeregt flüsterte er: "It's a **harpsichord**! You've just pressed a **key**. It's a very fine instrument, isn't it? Who did that belong to? Rich people, I suppose." Er sah nachdenklich auf das Instrument. "In the eye of death everything is the same and all are equal."
Endlich hatten sowohl Johannes als auch Christopher einen Platz gefunden, wo sie sich verbergen konnten. Unten kauerte James in einer Nische hinter dem Kamin, der Wachtmeister stand hinter der Tür, um sofort zur Stelle zu sein und die Diebe an der Flucht zu hindern. Langsam wurde es völlig dunkel und eine gespannte Stille breitete sich aus, die nur ab und zu durch das Knarren eines Holzbalkens unterbrochen wurde. Ein Nachtwächter ging vorüber; der Schein seiner Fackel beleuchtete kurz das Zimmer, in dem sich James und der Wachtmeister verborgen hielten.
"It's boring", ließ sich James vernehmen.
"**Patient**, be patient, please", mahnte der Wachmann. "Things will get exciting soon enough."
"I can hear **footsteps**!", flüsterte Johannes. Christopher unter seinem Leinentuch war fast eingeschlafen.

---

harpsichord ['hɑːpsɪkɔːd] Cembalo **key** [kiː] Taste **patient** ['peɪʃnt] geduldig **footstep** ['fʊtstep] Schritt

Übung 33: Setzen Sie die Verben in den folgenden Sätzen in die richtige Form des Past Simple.

1. Mathilda and Gwen ________________________ *(to see)* Velvet through the telescope.
2. Johannes and the others ________________________ *(to hide)*.
3. They ________________________ *(to find)* lots of jewels.
4. They ________________________ *(to not play)* the harpsichord.
5. The sky ________________________ *(to become)* darker.
6. Nothing ________________________ *(to happen)*.
7. Johannes ________________________ *(to hear)* footsteps.

"I almost thought that nothing was going to happen tonight", kam es erleichtert zurück. Angepannt lauschten sie in die Nacht.
"Good things come to those who wait", flüsterte unten James.
"Hush!"
Die Schritte kamen heran und hielten vor der Haustür. Ein Schlüssel wurde ins Schloss gesteckt und leise herumgedreht. Langsam öffnete sich die Tür und ein Mann trat ein. Rasch lud er verschiedene Gegenstände im Haus ab, die ein zweiter Mann ihm reichte. Dann traten beide ein und schlossen die Tür hinter sich.
"The girls are asleep. Shall we wake them up?" Sie lachten und gingen weiter zur Treppe.

"Hold on! Stay where you are!", rief der Wachtmeister, und er und James Dobson stürzten auf die Männer zu.
"Things went so quickly I could hardly enjoy it", sagte James später, nachdem sie die Männer zum Gericht gebracht hatten. "I want to know where Fowler is."
Da griff James sich an den Kopf. "Bloody hell! I forgot Gwen's silver forks."

Agnes Hinch hatte den Kampf gegen die Beulenpest verloren; sie wusste, dass sie sterben würde. Ein Pestarzt stand in der Tür. Seine Vogelmaske, mit Essig getränkt, und sein schwarzes Kapuzengewand ließen sie schaudern. Dutzende Male war sie mit einem Pestarzt bei Kranken gewesen und hatte mitleidlos mit angehört, wie der Arzt sich abwandte und sagte: "There is nothing more that could be done." Jetzt sagte er das Gleiche zu der Pflegerin, die mit ihm gekommen war, warf noch ein paar Kräuter in das offene Feuer, drehte ihr den Rücken zu und ging mit raschen Schritten davon.
Agnes konnte den Hopfen riechen, den er, um sie zu beruhigen, ins Feuer geworfen hatte, den teuren Weihrauch hatte er für sinnlos erachtet und eingespart. Agnes versuchte sich aufzurichten, um die Pflegerin davon abzuhalten zu gehen.
"Stay here! I **beg** you!", flehte sie.
"I did what I could do. My work is done!" Erbarmungslos verließ die Frau das Zimmer. Agnes hörte, wie die Tür zuschlug, und war allein. Die Schmerzen waren kaum zu ertragen. Sie war wie von Sinnen vor Angst und Qual. Das Letzte, was sie wahrnahm, war der heisere Schrei einer Eule. Dann blickten ihre Augen ins Leere.

---

to beg sb. [beg] jdn. bitten

Twelve

Auch Anfang September forderte die Pest noch Opfer, aber die Zahl der Toten war deutlich geringer als im Jahr zuvor. Das Leben in der Stadt ging wieder seinen gewohnten Gang. Gwen und Susanna lebten noch bei den Arlingtons. Es war, als fürchteten sie sich davor, in das Haus zurückzukehren, in dem sie so schreckliche Wochen verbracht hatten.

Es war eine ruhige Nacht, als die Stille plötzlich durch einen lauten Ruf unterbrochen wurde: "Fire! Fire in Pudding Lane!"

Der Brand breitete sich mit rasender Geschwindigkeit aus, und noch bevor es Morgen wurde, stand fest: "Three hundred houses **were destroyed** by fire tonight! Now the **blaze** is raging in Fish Street near the Tower!"

Überall in der Stadt waren die Menschen auf den Beinen und riefen sich die neuesten Nachrichten zu.

"Thank God! London Bridge isn't burning! That's because the northern part had been replaced by a **stone construction** more than thirty years ago, when another fire destroyed the bridge."

"I've never seen such a huge fire."

"It broke out in the King's bakery."

Paul, der Bäckerjunge, stürmte in Dobsons Backstube. "Everwhere's burning! The **half-timbered houses** with **thatched roofs** catch fire **in the blink of an eye**! In the

---

to be destroyed [bi: dɪ'strɔɪd] zerstört werden **blaze** [bleɪz] Feuersbrunst **stone construction** ['stəʊn kən'strʌkʃn] Steinkonstruktion **half-timbered house** [ˌhɑ:ftɪmbəd 'haʊs] Fachwerkhaus **thatched roof** [ˌθætʃt 'ru:f] Reetdach **in the blink of an eye** [ɪn ðə ˌblɪŋk əv ən 'aɪ] in null Komma nichts

narrow streets near Pudding Lane all the houses have already burnt down!"

Übung 34: Setzen Sie die richtige Konjunktion ein.
(although, but, so, when, and, after)

1. ____________ the plague is deadly, a lot of people still stayed in London.
2. The remedies didn't help much, ____________ they gave people some hope.
3. ____________ Johannes came to London, he could already speak English.
4. Gwen bought some silver forks ____________ Agnes had showed her hers.
5. Agnes died of the plague, ____________ she won't cause them problems any more.
6. Susanna felt relieved when Agnes died ____________ she didn't regret her death for a moment.

"It's the west wind. The fire is coming nearer. Let's save our goods and chattels." Entschlossen wies James die Bäckerjungen an, was zu tun war, und alle packten mit an, so schnell es ging. Auf der Straße rannten aufgeregte Menschen durcheinander, schrien und riefen sich Neuigkeiten über das Fortschreiten des Feuers zu. Alle versuchten, ihre Besitztümer in Sicherheit zu bringen, niemand machte auch nur den Versuch, das Feuer zu löschen.

"I'd like to check on Gwen's house. May I leave?", fragte Johannes den Bäckermeister. "The Arlingtons' house isn't in danger."
"The wind is coming from the west. Maybe Gwen's house has already burnt down", gab James zu bedenken. "Make sure that you don't **get stuck** somewhere."
"When I come back I'll go down to the Thames. I don't know how long you'll still be able to stay here at the bakery."
"The smoke **is blowing** over here. Let's escape as fast as possible!" James machte sich mit Ethan, William und den Bäckerjungen auf zum Fluss. Sie trugen schwere Lasten, genau wie die vielen Menschen, die von überallher strömten und beladen waren mit Hausrat und Kleidungsstücken, mit allem, was sie gerade noch hatten greifen können, ehe sie ihre Häuser verließen.
Johannes schlug den Weg zu Gwens Haus ein.
"There hasn't been a single drop of rain for several weeks", rief ihm ein Mann zu. "Everything is dry and will burn at once. There will be a catastrophe if we don't do something to **fight back**."
Johannes hastete weiter und merkte kaum, dass ihm die meisten Menschen entgegenkamen. Der Wind trieb verkohlte Fetzen vor sich her und die Luft wurde immer stickiger.
"The Dutch or the French **have invaded** our **country**! We are at war with both of them", hörte er eine panische

---

to get stuck [ˌget ˈstʌk] stecken bleiben **to blow (blew, blown)** [bləʊ / bluː / bləʊn] wehen **to fight (fought, fought) back** [ˌfaɪt / ˌfɔːt / ˌfɔːt ˈbæk] sich verteidigen **to invade a country** [ɪnˌveɪd ə ˈkʌntrɪ] in ein Land einmarschieren

Männerstimme. Viele Menschen fürchteten einen Krieg mit diesen beiden Ländern. Ein kleines Mädchen rannte ihm entgegen und schrie nach seiner Mutter.
“Where have you come from?” Er nahm das Kind auf den Arm und wurde von dem Strom der Flüchtenden fast umgerissen.
“I don’t know”, weinte das Kind. “My mother **shooed** me out of the house and there were so many people on the streets that I got lost.”
Johannes versuchte, ein paar der vorüberhastenden Menschen aufzuhalten und nach der Mutter des Kindes zu fragen. Eine Frau blieb tatsächlich stehen und warf einen kurzen Blick auf das Kind.
“It’s one of the paupers, don’t you see her **flimsy smock**? The poor waited till the fire was close to their homes. Then they ran away in **panic** at the last moment.”
“I see, but don’t you know who her mother is?”, versuchte es Johannes noch einmal, aber die Frau hatte sich schon abgewandt und lief weiter.
“Jenny? Jenny?” Eine hohe Frauenstimme drang an Johannes’ Ohr. Das Kind hob den Kopf.
“Mother, here I am!”
“Is your name Jenny?”, wollte Johannes wissen.
“Yes, please call my mother. I’m afraid that she can’t hear me.” Das Mädchen begann wieder zu weinen.
“Jenny is over here – in front of the **saddlery**.” Er hielt das Kind so fest er konnte, bis die Mutter sich zu ihnen durchgekämpft hatte. Sie riss ihm Jenny sofort aus dem Arm.

---

to shoo sb. [ʃuː] jdn. scheuchen **flimsy** [ˈflɪmzɪ] dünn **smock** [smɒk] Kittel **panic** [ˈpænɪk] Panik **saddlery** [ˈsædlərɪ] Sattlerei

"Thank you so much", sagte sie, drehte sich um und war schon in der Menge verschwunden.
Johannes versuchte verzweifelt, gegen den Strom der Flüchtenden anzukommen, und prallte plötzlich mit einem Mann zusammen.
"John!"
"Christopher!"
"Are you going to Gwen's house? I've just been there. It has burnt down." Christopher sah erschöpft aus. Sein Gesicht war rußverschmiert.
Sie drückten sich an eine Hauswand, um einer Familie Platz zu machen, die einen Kranken in seinem Bett vorbeischleppten.
"It's terrible." Christopher sah besorgt aus. "All the houses are full of **inflammable** things like **tar**, **pitch**, **brandy** and oil."
"We must do something."
"I've heard that St Mary Woolchurch has burnt down. The stones of the church **were glowing**. Shortly before it burnt down, some people had stored their valuables there. They thought it would be a safe place. Then they had to look on helplessly as everything burnt down. The fire is now in Lombard Street. Soon it **will engulf** the **Royal Exchange**."
Das Gedränge auf der Straße nahm zu. Pferde, Menschen und voll beladene Wagen standen sich im Weg.
"Look, the fire **is picking up speed**. The people are taking

---

inflammable [ɪn'flæməbl] brennbar **tar** [tɑ:] Teer **pitch** [pɪtʃ] Pech **brandy** ['brændɪ] Branntwein **to glow** [gləʊ] glühen **to engulf sth.** [ɪn'gʌlf] etw. verschlingen **Royal Exchange** [ˌrɔɪəl ɪks'tʃeɪndʒ] Königliche Börse **to pick up speed** [ˌpɪk ʌp 'spi:d] schneller werden

their belongings from one house to the next. Let's try to get to the river."

Johannes sah nach oben. Der Wind trug ein brennendes Holzstück vor sich her und blies es auf ein mit Stroh gedecktes Dach, das sofort Feuer fing. Die Menschen schrien, Pferde bäumten sich auf. Alle versuchten, zum Fluss hinunterzugelangen.

Das Haus brannte jetzt lichterloh und Johannes glaubte im Widerschein des Feuers Fowler zu erkennen, der sich eilig mit seiner Beute davonmachte. Er rannte einen alten Mann um, der sich mühsam mit Hilfe eines Stocks fortbewegte und sich schimpfend wieder aufrappelte. Auf dem Rücken trug der Alte einen schweren Korb, und schwerfällig ging er weiter. Töpfe und Pfannen in dem Korb klapperten bei jedem Schritt, und die alte Frau, die mit trippelnden Schritten neben ihm herlief, schaute besorgt hinter sich, dass auch nichts verloren ging.

Ein kleiner Hund sprang einer dicken Frau kläffend vor die Füße und wurde von ihr mit einem Tritt an eine Hausmauer befördert.

"It's a rich person's pet dog. Do you see his collar?" Christopher bückte sich, packte das Hündchen im Nacken und schob es unter seine Weste. "Mathilda will be happy."

"Will Velvet also be happy though?", stieß Johannes keuchend hervor. Rauchschwaden wurden zu ihnen hingetrieben und machten das Atmen schwer.

"We'll get to the river bank in a minute", hustete Christopher.

"I've got a boat." Die laute Stimme von James übertönte das Getöse und das Brausen des Feuers. Es war ihm gelungen, in all diesen Wirren ein Boot zu finden. Christopher und

Johannes eilten mit Dobson hinunter zur Themse, wo William und Ethan mit dem Boot auf sie warteten. Schnell sprangen sie hinein und ruderten vom Ufer weg. Der Fluss war voll mit kleinen Booten und aufgeregten Menschen darin.

Übung 35: Setzen Sie die richtige Präposition ein.
(by, to, back, up, in, down)

"We'll go **1.** ______________ the Arlingtons' place **2.** ______________ boat and **deposit** our belongings there. Then we can come **3.** ______________ to see whether we can help", sagte Christopher.

"The fire is spreading **4.** ______________ all directions. How can we stop it?", fragte Johannes.

"It looks as if the fire is picking **5.** ______________ speed", entgegnete James.

"I think they'll have to pull **6.** ______________ some more houses to stop it spreading."

Christopher zog das Hündchen aus seiner Weste und schaute auf das Wasser. "Look – all that furniture **is floating around** in the water. Desperate people have thrown their things into the Thames so that they won't burn."
"Would you like a wig?" An einer Stange hatte William eine

---

to deposit sth. [dɪ'pɒzɪt] etw. deponieren **to float around** [ˌfləʊt ə'raʊnd] umhertreiben

Perücke aus dem Wasser gefischt und hielt sie hoch. "All these things were awfully important yesterday." Er ließ die Perücke wieder zurück in Wasser gleiten.
"The wind is very strong. I wish it would **let up**." James dachte an seine Bäckerei. Wahrscheinlich war sie längst den Flammen zum Opfer gefallen. Sie kamen den brennenden Häusern am Ufer sehr nahe und spürten die Hitze, der Funkenregen reichte fast bis in ihr Boot hinein. Schnell ruderten sie weiter.
Nach etwa einer halben Stunde erreichten sie endlich eine Anlegestelle, von der aus es nicht mehr weit war zu den Arlingtons.

"What's this?" Mathilda kam ihnen entgegengelaufen und hatte schon das Hündchen unter Christophers Weste erspäht. Zu ihrem Entzücken ließen sie es im Haus zurück, als sie sich wieder auf den Weg in die Stadt machten. Der Feuerschein der brennenden Häuser erleuchtete den Himmel.
"We're out of danger. There's a large field between our house and the city. The fire won't be able to spread this far", sagte Mr Arlington, als er die Männer verabschiedete. "I'm sorry that I can't come along, but I've to stay with my family. I've heard there are **plunderers** and **marauding hordes** roaming around."
Den gesamten nächsten und übernächsten Tag blieben sie in der Stadt. Sie halfen Menschen, die aus ihren Häusern flohen, ihre Habseligkeiten wegzuschaffen. Immer noch

---

to let (let, let) up [ˌlet / ˌlet / ˌlet ˈʌp] nachlassen **plunderer** [ˈplʌndərə] Plünderer **marauding horde** [məˌrɔːdɪŋ ˈhɔːd] marodierende Horde

waren die Straßen voller Pferdefuhrwerke, die alles, was nur ging, aus der Stadt herausbrachten. Das Feuer breitete sich ungehindert weiter aus.
Dann endlich, als das Feuer schon drei Tage wütete, kam die Nachricht, dass damit begonnen wurde, Häuser zu sprengen, um die Flammen aufzuhalten. Johannes, der seine Freunde inmitten des Chaos und Wirrwars längst verloren hatte, machte sich auf zu dem Stadtteil, in dem mit dem Sprengen begonnen werden sollte.
"St Paul has burnt and the whole of Cheapside has been destroyed too." Menschen, die ihm entgegenkamen, riefen sich Nachrichten zu.
"Who are you?", hielt ihn ein Constable an.
"I'm an assistant to James Dobson, the baker", antwortete Johannes.
"I know him. He's a foreigner. He worked as a baker's boy and brought me some bread in the mornings", erklärte eine vorbeihastende Frau.
"We have to watch out for strangers. There **is** an **arsonist on the loose**", erklärte ihm der Wachmann.
"But the fire keeps on going by itself." Johannes war verwirrt. Es war bekannt, dass das Feuer in der königlichen Backstube ausgebrochen und durch den Wind weitergetragen worden war.
"That's right", sagte der Wachmann, "but new fires are breaking out all over the place. At Bishopsgate for example. We think there must be an arsonist."
Johannes lief weiter.
"This is the end of the world!", grüßte ihn ein Entgegen-

---

arsonist ['ɑːsənɪst] Brandstifter **to be on the loose** [biː ˌɒn ðə 'luːs] frei herumlaufen

kommender mit irrem Blick. "This is the end of the world! Think of the comet. The arrow of God. It foretold the plague and the fire. Pray, pray for your life!"

Eine große Menge hatte sich ihm angeschlossen; alle riefen durcheinander, beteten oder beklagten das Unglück, das über sie gekommen war. Der Mann blieb stehen und sah Johannes an. "You are partly to blame for this misfortune. You didn't believe me then. You made fun of my amulets."

Jetzt erkannte ihn Johannes.

Es war der Quacksalber, der ihm Amulette gegen die Pest hatte verkaufen wollen.

"Where is your **companion**? Is he dead?", fuhr der Mann hasserfüllt fort. "I warned you and you laughed at me! He is guilty!", wandte er sich an die Menge. "He is guilty!" Er deutete auf Johannes. Die Menschen kamen näher und bildeten einen Halbkreis um ihn. Mehrere bückten sich und nahmen Steine auf.

Johannes wich zurück, aber sofort schloss sich der Kreis hinter ihm. Die aufgebrachte Menge versuchte, ihn an eine Hauswand zu drängen.

"Stop! Stop it immediately!" Einige Constables liefen hinzu und schoben die Menschen auseinander. "Keep moving!"

Murrend löste sich die Menge auf.

Johannes wischte sich den Schweiß von der Stirn. "Thank you! You saved my life", wandte er sich an die Wachmänner. "I want to help you **extinguish** the blaze. What should I do?"

---

companion [kəm'pænjən] Begleiter **to extinguish sth.** [ɪk'stɪŋgwɪʃ] etw. löschen

Übung 36: Stimmen die folgenden Aussagen? Kreuzen Sie die zutreffenden Sätze an.

1. ☐ The Great Plague killed all the inhabitants of London.
2. ☐ The fire burnt on both sides of the Thames.
3. ☐ Quacks made remedies that worked.
4. ☐ The Arlingtons' house didn't burn down.
5. ☐ Johannes threw stones at the quack.
6. ☐ Gwen died of the plague.

"First try to get some **leather buckets**. We need more of them. Walk along this street until you get to the third house on the left. That's where you can get them from. Then go to the office of the Royal Navy. They will tell you there how you can help."

Kurz darauf stand Johannes vor einem gesprengten Haus und löschte die brennenden Trümmer mit dem Wasser aus Ledereimern, die ihm durch eine lange Kette von Menschen gereicht wurde.

Stunde um Stunde half er bei den Löscharbeiten. Er hatte jedes Zeitgefühl verloren; irgendwann wusste er nicht mehr zu sagen, ob es Tag oder Nacht war, morgens oder abends. Der Himmel war schwarz von Qualm. Kaum ein Sonnenstrahl drang zu den Menschen durch. Mechanisch nahm er Eimer für Eimer, der ihm gereicht wurde, und goss das Wasser in die Flammen.

Irgendwann wurde es ruhiger ringsum. Rauchschwaden stiegen zum Himmel, aber es waren keine Flammen mehr zu sehen. Wie im Traum ging Johannes durch die Straßen, die mit Schutt und Asche und Trümmerteilen übersät waren. Als er an einer kleinen Kirche vorbeikam, sah er, dass das

---

leather bucket [ˈleðə ˌbʌkɪt] Ledereimer

Dach des Kirchenschiffs abgebrannt, der Turm aber noch erhalten war. Müde ließ er sich auf einer rußigen Bank im Inneren des Gebäudes, das voller Schutt und verkohlter Balken lag, nieder, dann stand er auf und stieg die Treppe zum Turm hoch.

"It's a horrific **scene**, isn't it?", sprach ihn ein gut gekleideter, aber von Ruß und Staub bedeckter Mann an, der kurz vor ihm den Turm betreten haben musste. "The city is devastated. The oil cellars are on fire. A sea of flames ... but look – it will soon be dawn. The Navy Office near the Tower is intact. The detonations and the **evacuations** of the houses have had a positive effect. They also saved the Tower."

Johannes folgte dem ausgestreckten Arm des Mannes und erkannte in der Dämmerung die Orte, an denen er selbst noch kurz zuvor bei den Löscharbeiten mitgeholfen hatte. Nur noch kleine Rauchsäulen stiegen auf. Es schien, als wäre der Brand endlich unter Kontrolle. Er überlegte, wie lange alles gedauert hatte. Zwei Tage? Oder drei?

Übung 37: Vervollständigen Sie die Begriffe aus dem "The Great Plague"-ABC. Die Zahl der Buchstaben des gesuchten Wortes ist vorgegeben.

1. S stands for _ _ _ _ _ _ – the first name of a famous English **diarist** who lived in London at the time of the plague.
2. T stands for _ _ _ _ _ _ _ – the famous river that flows through London.

---

scene [siːn] Szene **evacuation** [ɪˌvækjʊ'eɪʃn] Evakuierung **diarist** ['daɪərɪst] Tagebuchautor

3. U stands for _ _ _ _ _ _ _ _ – a sort of salve.

4. V stands _ _ _ _ _ _ _ _ – the Four Thieves variety was very popular at the time of the Great Plague.

5. W stands for _ _ _ – Samuel Pepys liked wearing one of these.

6. X stands for _ x _ _ _ _ _ _ _ _ _ a fire – the people filled their leather buckets with water in an attempt to complete this task.

7. Y stands for _ _ _ _ – if you have enough of this material you can make yourself a woollen garment, for example.

8. Z stands for _ _ _ _ _ _ – the sun reaches this point when it appears to be highest in the sky.

"Do you know when the fire started? I have lost all sense of time", fragte er den Mann, als der sich zum Gehen wandte.
"Today is the morning of September 6th. The fire started early on September 2nd. But get down. The tower is **dilapidated** and too dangerous to stay on any longer." Der Mann verschwand auf der Treppe.
Johannes sah noch einmal über die Stadt und entdeckte nicht weit entfernt zwei Männer, die sich stadtauswärts bewegten. Der Jüngere schritt ruhig aus, der Ältere gestikulierte und redete ununterbrochen. Ihnen folgte ein Dritter, fast noch ein Junge.

---

dilapidated [dɪˈlæpɪdeɪtɪd] baufällig

"James, Christopher and Ethan", sagte Johannes laut und beeilte sich, den Turm zu verlassen. Er lief, so schnell er konnte, um die drei einzuholen.
"John! You are alive! We couldn't find you."
"It is a **miracle** that I'm still alive", erklärte er. "I **was** almost **lynched**."
"We're on our way to the Arlingtons", sagte Christopher. "They say that their house escaped the fire."
Gemeinsam setzten sie ihren Weg fort.
"Neither the paupers nor the rich got spared by this fire." James schaute auf ein großes abgebranntes Haus, von dem nur die Grundmauern übrig geblieben waren, die teilweise noch glühten. Er trat mit seinem Fuß an einen kleinen rußbedeckten Gegenstand, der vor dem Haus lag.
"What's this?", sagte er und stieß das Ding vorsichtig mit dem Fuß an.
"Pick it up and **wipe** it **off** – then you'll see what it is", erwiderte Christopher.
James tat, wie ihm geheißen. Einen Moment lang sah er verblüfft auf den Gegenstand, den er in Händen hielt, dann lachte er, lachte in den grauen, rußigen Morgen hinein und rief: "Christopher, John, look at this! It's a silver fork!"
Er hielt die Gabel wie eine Trophäe über seinen Kopf. "We survived. So it should be my present for Gwen. Gwen, I will say, here is a silver fork for you ..."

---

miracle ['mɪrəkl] Wunder **to be lynched** [biː 'lɪntʃt] gelyncht werden **to wipe sth. off** [ˌwaɪp / 'ɒf] etw. abwischen

Die Pest und der große Brand von London

Im Jahr 1665 veröffentlichte Robert Hooke, Professor für Geometrie am Gresham College von London, die erste genaue Zeichnung eines Flohs in seinem berühmten Werk *Micrographia*. Es war zu dieser Zeit noch nicht bekannt, dass der Floh, der damals zum ersten Mal unter einem Mikroskop lag, der Überträger der Pest war. Auch das massenhafte Sterben von Ratten, den Wirtstieren der Flöhe, das der Beulenpest vorausging, brachte man nicht in Zusammenhang mit der Seuche. Stattdessen machte man Hunde und Katzen dafür verantwortlich und tötete sie zu Tausenden. Erst im 19. Jahrhundert wurde der Floh als Pestüberträger erkannt.

Die große Pest in den Jahren 1665 und 1666 forderte allein in London etwa 70.000 Todesopfer; das entsprach etwa einem Fünftel der damaligen Gesamtbevölkerung der Stadt. Wahrscheinlich wurde die Pest durch ein niederländisches Handelsschiff nach London gebracht und breitete sich zuerst in den Hafengebieten der Stadt aus. Mit zunehmender Wärme griff die Seuche im Frühjahr 1665 auf die Innenstadt über. Den Menschen standen keinerlei geeignete Arzneimittel zur Verfügung. So wurde etwa der im Buch erwähnte *Theriak* als Pestmittel hergestellt; er konnte Hunderte von Kräutern oder, bei der eigenen Herstellung für den Hausgebrauch, eine wesentlich geringere Anzahl enthalten, sein Nutzen allerdings war keineswegs erwiesen.

Weitere schwere Pestepidemien im 17. Jahrhundert suchten Ostpreußen und Wien heim. Die letzten großen Epidemien in Europa brachen im 18. Jahrhundert in Marseille, in der Provence (1720–1722) und in Moskau (1771) aus. Aber auch heute noch gibt es Infektionen und Todesfälle, so beispielsweise 1992 in den USA, 1994 in Indien und 2005 im Kongo.

Samuel Pepys (1633–1703), Staatssekretär im englischen Marineamt, blieb während der Pestzeit in London und war Augenzeuge des großen Brandes. Seinen Tagebuchaufzeichnungen sind Informationen über das Fortschreiten der Seuche und die Ausbreitung des großen Brandes zu entnehmen, der vom 2. bis zum 5. September 1666 wütete und etwa vier Fünftel Londons zerstörte. Da die Häuser der Innenstadt größtenteils aus Holz und Pech erbaut und die Straßen durch aufgestockte Überhänge auf den Häusern sehr eng waren, konnte sich das Feuer rasch ausbreiten. Es gab zu dieser Zeit noch kein organisiertes Polizei- und Feuerwehrwesen. Während der ersten beiden Tage der Feuerkatastrophe versuchte niemand zu löschen, jeder brachte nur sich selbst und seine Habseligkeiten in Sicherheit. Erst am dritten Tag gelang es, das Feuer durch Sprengungen einzudämmen. Mit dem Ende des Feuers, das tatsächlich in der King's Bakery von Thomas Farriner ausbrach, war auch die Pest vorüber.

Die St. Paul's Cathedral wurde nach dem Brand völlig neu aufgebaut. Aufgrund neuer Verordnungen, die schon Mitte September 1666 erlassen wurden, durften beim Wiederaufbau der Stadt nur noch Steine und Ziegel verwendet werden. Überhängende Stockwerke wurden verboten und die Straßen mussten eine Mindestbreite haben. So hoffte man, künftigen Bränden besser Einhalt gebieten zu können.

Quellen

Walter George Bell: The Great Plague of London. London 1994.

Mary Cathcart Borer: The City of London. A History. London 1977.

Daniel Defoe: Die Pest zu London. München 1987 / A Journal of the Plague Year. Harmondsworth 1986.

John Donne: Selected Poems. London 2007.

Christopher Hibbert: London. The Biography of a City. London 1969. Rev. ed. 2003.

Stephen Inwood: A History of London. London 1998.

Mischa Meier (Hrsg.): Pest. Die Geschichte eines Menschheitstraumas. Stuttgart 2005.

William Naphy/Andrew Spicer: Der schwarze Tod. Die Pest in Europa. Essen 2003.

Samuel Pepys: Tagebuch aus dem London des 17. Jahrhunderts. Stuttgart 1980.

Manfred Vasold: Die Pest. Ende eines Mythos. Stuttgart 2003.

Das Gedicht auf S. 89 wurde dem Band *The Great Plague of London* entnommen.

Wir danken Claudia Berardi für Hinweise auf Kräuter- und Räuchermischungen, wie sie während der Pestzeit gebraucht wurden.

Lösungen

Übung 1

1. Gottfried Frahm, 2. Gwen Frahm, 3. Johannes, 4. Gottfried Frahm, 5. Susanna, 6. Gwen Frahm, 7. Susanna, 8. Johannes

Übung 2

1. cat, 2. milk, 3. bank, 4. fire, 5. bridge, 6. fish

Übung 3

1. false, 2. true, 3. false, 4. true, 5. false

Übung 4

1c, 2f, 3a, 4b, 5d, 6g, 7e

Übung 5

1. seen, 2. been, 3. spoken, 4. drunk, 5. eaten, 6. made

Übung 6

1. baker, 2. porridge, 3. coach, 4. forest, 5. traitor, 6. salves

Übung 7

1. wine, 2. lunch, 3. money, 4. coins, 5. cape, 6. choice

Übung 8

1. didn't have to, 2. might, 3. didn't need to, 4. won't have to, 5. ought to

Übung 9

1e, 2d, 3a, 4f, 5b, 6c

Übung 10

1. have just delivered, 2. kept, 3. feel, 4. have, 5. won't miss/ am not going to miss, 6. is

Übung 11

1. apprentice, 2. brick, 3. cape, 4. Dobson, 5. England, 6. Flea, 7. grind, 8. Hinch

Übung 12

1. for, 2. after, 3. forward, 4. like, 5. on, 6. at

Übung 13

1. true, 2. false, 3. true, 4. false, 5. false, 6. false

Übung 14

1. bitter, 2. badly, 3. carefully, 4. hard, 5. rare, 6. dangerously

Übung 15

1. first, 2. rich, 3. big, 4. better, 5. poor, 6. last, 7. worse, 8. small

Übung 16

1. toad, 2. comet, 3. nests, 4. lawyers, 5. coffee, 6. ladies

Übung 17

1d, 2f, 3a, 4b, 5c, 6e

Übung 18

1. has, 2. Didn't, 3. can't, 4. Do, 5. does, 6. doesn't

Übung 19

1e, 2a, 3c, 4g, 5b, 6f, 7d

Übung 20

1. incantation, 2. juniper, 3. knell, 4. Lane, 5. magic

Übung 21

1. window, 2. juniper, 3. wig, 4. flies, 5. dust, 6. quarantine

Übung 22

1. Have you made, 2. did you see, 3. has already visited, 4. Have you ever stolen, 5. discovered, 6. has just asked

Übung 23

1. Many, 2. little, 3. a few, 4. much, 5. Few, 6. a little

Übung 24

1. better, 2. less, 3. further/farther, 4. more difficult, 5. emptier, 6. worse

Übung 25

1. stuffy, 2. bold, 3. nasty, 4. upstairs, 5. no, 6. replace

Übung 26

1d, 2e, 3a, 4g, 5b, 6f, 7c

Übung 27

1f, 2c, 3b, 4e, 5d, 6a

Übung 28

1. the Great Plague, 2. a foreign language, 3. the kingdom, 4. herb vinegar, 5. the staircase

Übung 29
1. true, 2. false, 3. true, 4. false, 5. false, 6. true

Übung 30
1. greedy, 2. honesty, 3. desperate, 4. success, 5. innocent, 6. danger

Übung 31
1. nephew, 2. ornate, 3. porridge, 4. quarantine, 5. robbery

Übung 32
1d, 2e, 3a, 4f, 5b, 6c

Übung 33
1. saw, 2. hid, 3. found, 4. didn't play, 5. became, 6. happened, 7. heard

Übung 34
1. Although, 2. but, 3. When, 4. after, 5. so, 6. and

Übung 35
1. to, 2. by, 3. back, 4. in, 5. up, 6. down

Übung 36
1. false, 2. false, 3. false, 4. true, 5. false, 6. false

Übung 37
1. Samuel, 2. Thames, 3. unguent, 4. vinegar, 5. wig, 6. extinguish, 7. yarn, 8. zenith

Liebe Leserinnen und Leser,

Die einzelnen Titel aus der Reihe Lernschmöker sind den sechs verschiedenen Niveaustufen des Gemeinsamen Europäischen Referenzrahmens für Sprachen zugeordnet. Welcher Niveaustufe dieser Titel angehört, können Sie der Angabe auf dem Cover bzw. Buchrücken entnehmen. Die Niveaustufen bedeuten:
A1/A2: *Elementare Sprachverwendung*, d.h.
A1: Sie können einzelne Wörter und ganz einfache Sätze verstehen.
A2: Sie können ganz kurze und einfache Alltagstexte lesen.
B1/B2: *Selbstständige Sprachverwendung*, d.h.
B1: Sie verstehen Texte, in denen v.a. sehr gebräuchliche Alltags- und Berufssprache vorkommt.
B2: Sie verstehen zeitgenössische literarische Prosatexte.
C1/C2: *Kompetente Sprachverwendung*, d.h.
C1: Sie verstehen Sachtexte, technische Fachartikel sowie literarische Texte.
C2: Sie verstehen jede Art geschriebener Texte, auch wenn sie inhaltlich und sprachlich komplex sind.

Sollten Sie ganz genau wissen wollen, welche Niveaustufe für Sie geeignet ist, so finden Sie auf unserer Website unter www.langenscheidt.de sowohl eine kompakte Beschreibung der einzelnen Referenzniveaus als auch eine Orientierungshilfe zur Selbstbeurteilung in Bezug auf die verschiedenen Niveaustufen.
So können Sie die Lektüre wählen, die ideal auf Ihre Sprachkenntnisse und Bedürfnisse zugeschnitten ist.
Viel Spaß beim Lernschmökern!

Ihre Langenscheidt-Redaktion